创新创业导论

主　编　汪军玲　吴　琳

副主编　高　卫　熊华勇

参　编　李　冰　李　倩

杨　柳　杨喜梅

张春艳　罗涛涛

中国商业出版社

图书在版编目（CIP）数据

创新创业导论 / 汪军玲，吴琳主编. -- 北京 ：中国商业出版社，2024. 8. -- ISBN 978-7-5208-3071-3

Ⅰ. G647. 38

中国国家版本馆 CIP 数据核字第 2024UC1575 号

责任编辑：黄世嘉

中国商业出版社出版发行

（www. zgsycb. com　100053　北京广安门内报国寺 1 号）

总编室：010-63180647　编辑室：010-63033100

发行部：010-83120835/8286

新华书店经销

唐山唐文印刷有限公司印刷

*

787 毫米×1092 毫米　16 开　11. 75 印张　271 千字

2024 年 8 月第 1 版　2024 年 8 月第 1 次印刷

定价：49. 80 元

* * * *

（如有印装质量问题可更换）

前　言

深化高校创新创业教育改革，将创新创业教育贯穿人才培养全过程，建立以创新创业为导向的新型人才培养模式，是国家实施创新驱动发展战略、促进经济提质增效升级的迫切需要，是推进高等教育综合改革、促进高校毕业生更高质量创业就业的重要举措。

2012 年 8 月，教育部办公厅印发《关于普通本科学校创业教育教学基本要求（试行）的通知》（教高厅〔2012〕4 号），对普通高校创业教育的教学标准、教学内容做了基本规定，提出“面向全体、注重引导、分类施教、结合专业、强化实践”的原则，推动高等学校创业教育科学化、制度化、规范化建设。2015 年国务院办公厅印发《关于深化高等学校创新创业教育改革的实施意见》（国办发〔2015〕36 号），全面部署高校深化创新创业教育改革。2021 年国务院办公厅印发《关于进一步支持大学生创新创业的指导意见》（国办发〔2021〕35 号），对高校创新创业教育能力和培养体系提出了更新更高的要求。

《创新创业导论》将创新教育和创业教育有机融合，系统规划、科学设计创新创业课程的教学内容，形成了合理的教学单元，旨在培养大学生创新创业意识和创新创业精神、提高其创新创业能力、锤炼其创新创业品质。在内容编排上力求面向实践、注重应用，主要内容包含创新与创新思维、创新能力与创新人才、创业概述与创业思维、创业者与创业团队、创业机会与创业风险、创业资源与创业融资、创业计划与商业模式、新创企业、合作创业和大学生创新创业训练等十个章节。

本书以通俗的语言、实用的内容、丰富的实例、有效的训练，系统地介绍了创新创业的基本知识点、相关技能方法。通俗易懂、深入浅出，结合当代大学生群体的特点，帮助学生了解和掌握创新创业的相关知识和规律，提高大学生的创新意识和创业能力；以实用、实际、实效为原则，精讲细练，对各知识点和技能进行着重叙述；案例贯穿全书，充分运用各种案例项目和创业故事，提高教材的实用性和指导性；每个章节设有能力训练板块，教学活动突出实践性，强调“学中做、做中学”。

本书适合作为高等院校各专业开展创新创业教育的教材，也可作为企业继续教育的培训教材。教师可根据教学对象和授课学时的不同，灵活选择相关内容重点教学。本书也可作为社会青年创业者的参考用书，还可用作读者拓宽视野、增长知识的自学用书。

本书由汉口学院汪军玲、吴琳主编，编写过程中得到了汉口学院罗爱平教授、吴怀宇教授、程光文教授等校领导的关怀和指导，管理学院领导、老师和兄弟高校同行的支持与帮助，特别表示感谢。此外，本书在编写过程中，参考了许多文献和资料，对作者表示衷心的感谢。

由于时间仓促，编者水平及其他条件限制，书中难免存在一些不足之处，敬请同行专家、师生读者不吝批评和指正，深表感谢！

编　者

2024 年 8 月

目　录

第一章　创新与创新思维

案例导入

相传有一年，鲁班接受了建筑一座巨大宫殿的任务。

这座宫殿需要很多木料，他和徒弟们只好上山用斧头砍树，当时还没有锯子，效率非常低。

一次上山的时候，他无意中抓了一把在山上生长的一种野草，却一下子将手划破了。

鲁班很奇怪，一根小草为什么这样锋利？

于是他摘下了一片叶子来细心观察，发现叶子两边长着许多小细齿，用手轻轻一摸，他感觉这些小细齿非常锋利。

他明白了，他的手就是被这些小细齿划破的。

后来，鲁班又看到一只大蝗虫在一株草上啃吃叶子，两颗大板牙非常锋利，一开一合，很快就吃下一大片。

这同样引起了鲁班的好奇心，他抓住一只蝗虫，仔细观察蝗虫牙齿的结构，发现蝗虫的两颗大板牙上同样排列着许多小细齿，蝗虫正是靠这些小细齿来咬断草叶的。

这两件事给了鲁班很大启发。

于是他就用大毛竹做成了一条带有许多小锯齿的竹片，然后到小树上去做实验，结果果然不错，几下子就把树干划出一道深沟，鲁班非常高兴。

但是由于竹片比较软，强度比较差，不能长久使用，拉了一会儿，小锯齿就有的断了，有的变钝了，需要更换竹片。

因此，鲁班想到了铁片，便请铁匠帮助制作了带有小锯齿的铁片。

鲁班和他徒弟各拉一端，在一棵树上拉了起来，只见他俩一来一往，不一会儿就把树锯断了，又快又省力，锯就这样发明了。

（资料来源：http：//www. gaosan. com/gaokao/526566. html，有改动）

学习目标

熟悉创新创业的内涵；

培养创新意识；

了解创新思维的概念。

第一节　创新概述

一、创新的内涵

（一）创新的概念

创新是近几年使用最频繁的词汇之一，是人类社会的普遍现象，是正在兴起的知识经济的根本特征。对于创新的概念，各位学者的观点不一，但一般都比较认同熊彼得的观点，创新是“把一种新的生产要素和生产条件的‘新组合’引入生产体系”。创新是指在前人的基础之上，以新思维、新发明和新描述为特征的一种概念化过程，包含更新、改变和创造。例如，提出思想、产生技术、创新产品等行为活动都属于创新。熊彼得认为创新包含以下五种情况：

（1）采用一种新的产品，即消费者还不熟悉的产品或某种产品的一种新特性。

（2）采用一种新的生产方法，即制造部门在实践中尚未知悉的生产方法，这种新的方法不需要建立在科学新发现的基础之上，就可以存在于商业上处理一种产品的新的方式之中。

（3）开辟一个新的销售市场，也就是相关国家的相关制造部门以前不曾进入的市场，这个市场以前可能存在，也可能不存在。

（4）获得原材料或半制成品的一种新的供应来源，不论这种供应来源是否已存在，还是首次创造出来。

（5）实现一种新的组织，如造成一种垄断地位、打破一种垄断地位。

（二）创新的特征

创新是人类特有的活动，创新成果是人类在意识支配下进行的创造性活动所取得的成效。在人类社会之外，其他动植物只是进化、演化，而不是创新。创新是以扎实的专业知识为基础，以艰苦卓绝的精神劳动为途径，以敏锐的观察力、丰富的想象力、深刻的洞察力为导向，反映符合事物发展要求的基本规律，是一种有规律的实践活动。创新是突破性的实践活动，它不是一般的重复劳动，更不是对原有内容的简单修补，而必须是突破性的发展、根本性的变革、综合性的创造。创新是继承的升华，继承是创新的必要。创新具有以下特征。

1. 人人可创新

创新，不分年龄大小、正常人和不正常人，也不分智商高低，更没有什么内外行、条件好坏之分。但是在实际生活中人们常常因为自身条件不足而认为自己无法创新。

拓展阅读

认识常见的创新误区

1. 生理残疾无法创新

事实上有些生理有残疾的人，往往会有惊人的创新成果，常常令生理健全的人为之汗颜和羞愧。例如，自幼失聪、失明的美国残疾女孩海伦·凯勒，以坚韧不拔的毅力，竟然学会了说话、读书和写作，成为著名的教育家和作家。

2. 智商不高，难以创新

不少人认为自己智商不高，与创新无缘。事实上，影响创新最主要、最关键的因素并不是人的智力因素，而是人的非智力因素，如情商。智力并不等于创新能力，高智力更不等于高强的创新能力。

3. 文化水平不高，难以创新

具备一定的知识当然是创新的基础，但高学历者未必能创新，过多的知识有时反而会抑制人的创新能力。

4. 岁数大了，不能创新

创新与年龄没有直接关系。许多大器晚成的事例告诉我们，创新、成功与年龄无关！有一个人，他一生中经历了1009次失败，但他却说：一次成功就够了。这个人就是"肯德基爷爷"——桑德斯上校，他在65岁时才开始从事这个事业。好点子固然人人都会有，但桑德斯上校跟大多数人不一样，他不但会想，而且还知道怎样付诸行动。

5. 外行，不可能创新

发明电话的贝尔是语言教师，发明电报的莫尔斯本人是个画家，发现天体运动规律的开普勒是一个职业编辑，近代遗传学的奠基人孟德尔是神职人员……这些例子告诉我们，创新并不一定直接受行业知识的影响，有时外行人的创新更令行家惊叹。

2. 时时可创新

创新本身不受时间和空间的限制，或许是一次闲谈，或许是在看剧，或许是在聊天、逛街的时候……只要保持一份善于联想的思维，创意随时可能到来。产生最佳创意的时间，或许就是让自己暂时休息一下，离开桌子去倒杯水；走到别的部门；放下手头的学习，改做另一件积压已久但很容易完成的工作；翻翻杂志；看看窗外的景致……南茜·贝朵，福特汽车公司执行中心总裁，习惯在上下班开车时放松自己。她说："在开车时，我会有意识地让大脑浮想，漫无边际地想。我不开收音机，不去想那些还没有做完的工作。时间飞逝，很难找到时间让自己完全自在；我在开车时就能达到那种状态，我发现那是我最有创造力的时刻。"

3. 处处可创新

日常生活中，处处可见创新。例如，书报上的字太小，老年人不方便看，就借助放大镜来看，放大镜的作用，就是把字"扩一扩"，于是放大镜诞生了；原来的电视屏幕较小，看电视节目费力，所以大屏幕彩电问世，这是把屏幕的面积和电视的体积"扩一扩"。在生活中，我们也经常使用一些袖珍物品，如袖珍小电筒、折叠雨伞、iPad mini 等，它们都是通过“缩一缩”技法研制出来的。缩小后的东西体积小、造价低、便于携带，给人们的生活带来了很大方便。“缩一缩”“减一减”，这也是一种可行的发明思路。

（三）创新的分类

经济合作与发展组织（OECD）、欧盟统计署《创新测度手册》（2007）把创新分为4类：产品创新、工艺创新、营销创新和组织创新。

1. 产品创新

产品创新可分为全新产品创新和改进产品创新。全新产品创新成果是指产品用途及原理有显著的变化。改进产品创新成果是指在技术原理没有重大变化的情况下，基于市场需要对现有产品进行功能上的扩展和技术上的改进所取得的成果。创新成果在这里包括技术、设备和软件上的重大改变的成果。

2. 工艺创新

工艺创新是指企业通过研究和运用新的方式、方法和规则体系等，提高企业的生产技术水平、产品质量和生产效率的活动。工艺创新的方法主要有使用信息化手段、使用先进设备、使用集成技术和使用优化理论。

3. 营销创新

营销创新是指新的营销方式的实现，包括产品的设计、包装、分销渠道、促销方式以及定价等方面的重大变革。营销创新成果旨在更好地满足消费需求、开辟新市场重新配置企业在市场上的产品，以提高企业的销售额。

4. 组织创新

组织创新是指企业的运营策略、工作场所组织或外部关系等方面新的组织方式的实现。组织创新成果可以用于减少管理成本或交易成本，提高工作的满意度（和劳动生产力），获得不可交易资产（如未被编纂的外部知识）或减少供应成本以提高企业的绩效。

第二节　创新意识

一、创新意识的内涵

（一）创新意识的概念

创新意识是人们对创新与创新的价值性、重要性的一种认识水平、认识程度和由此形成的对待创新的态度，以及用这种态度来规范和调整自己的活动方向的一种稳定的精神态势。创新意识总是代表着一定社会主体奋斗的明确目标和价值指向性，成为一定主体产生稳定、持久创新需要、价值追求和思维定式以及理性自觉的推动力量，成为唤醒、激励和发挥人所蕴含的潜在本质力量的重要精神力量。创新意识是人们根据社会和个体生活发展的需要，引起创造前所未有的事物或观念的动机，并在创造活动中表现出的意向、愿望和设想。它是人类意识活动中的一种积极的、富有成果性的表现形式，是人们进行创造活动的出发点和内在动力，是创造性思维和创造力的前提。

创新意识是创造性人才所必须具备的，培养创造性人才的起点是创新意识的培养和开发。要求我们具有创新意识，实际上是要我们改变传统的思维方式，改变传统的提出问题、思考问题的方式。在这个多变的时代，如果做不到这一点，即便是拥有了最新的知识，也有可能在激烈的竞争中被淘汰。今天如果你不生活在未来，那么明天你将生活在过去。这决不是危言耸听。在新的时代，由于新旧事物更替的速度倍增，我们的思维方式也必须顺应形势的发展，对待事物要多用异样的眼光审视它，多从不同的角度观察它。诺贝尔物理学奖获得者朱棣文说："科学的最高目标是要不断发现新的东西，因此，要想在科学上取得成功，最重要的一点就是要学会用与别人不同的方式、别人忽略的方式来思考问题。"对于每个人来说，无论是想在科学上，还是想在任何一个领域、任何一项事业中获得成功，都必须学会用与别人不同的方式来思考问题，学会用别人忽略的方式来思考问题。

经典案例

一家小型科技公司的创业历程

这家公司在初创时期，只是一个名不见经传的小企业，专注于开发一款智能家居控制系统。然而，随着市场的不断变化和竞争的加剧，公司创始人意识到，仅仅依靠传统的智能家居功能已经无法满足消费者的需求。于是，他带领团队开始探索新的方向。

经过深入的市场调研和技术研发，他们发现人们对于家居环境的舒适度和节能性有着越来越高的要求。于是，他们决定开发一款能够智能调节家居环境温度、湿度和光线等参数的控制系统，并通过机器学习和人工智能技术，使系统自动学习和适应用户的生活习惯，为用户提供更加个性化的家居体验。

在创新的道路上，他们遇到了很多困难和挑战，但他们始终坚持不懈地探索和尝试。最终，他们成功开发出了这款创新的智能家居控制系统，并在市场上获得了广泛的认可和好评。

这款产品的成功不仅为公司带来了可观的收益，更重要的是，它为公司的发展奠定了坚实的基础。随着消费者对智能家居的需求不断增加，公司不断推出更多创新的产品和服务，逐渐成为智能家居领域的领军企业。

（资料来源：刘国强，刘君．大学生创新创业基础［M］．北京：机械工业出版社，2019.）

（二）创新意识的价值

党的十九大报告提出，创新是引领发展的第一动力，是建设现代化经济体系的战略支撑。要瞄准世界科技前沿，强化基础研究，实现前瞻性基础研究、引领性原创成果重大突破。报告中 10 余次提到科技、50 余次强调创新。到 2035 年，我国跻身创新型国家前列的目标将激励全社会积极实施创新驱动发展战略，擦亮中国创造、中国智造的闪亮名片。因此，创新意识具有以下作用。

1. 创新意识是决定一个国家、民族创新能力最直接的精神力量

如今，创新能力实际就是国家、民族发展能力的代名词，是一个国家和民族解决自身生存、发展问题能力大小的最客观和最重要的标志。

2. 创新意识促成社会多种因素的变化，推动社会的全面进步

创新意识根源于社会生产方式，它的形成和发展必然进一步推动社会生产方式的进步，从而带动经济的飞速发展，促进上层建筑的进步。创新意识进一步推动人的思想解放，有利于人们形成开拓意识、领先意识等先进观念。创新意识会促进社会政治向更加民主、宽容的方向发展，这是创新发展需要的基本社会条件，这些条件反过来又促进创新意识的扩展，更有利于创新活动的进行。

3. 创新意识能促成人才素质结构的变化，提升人的本质力量

创新实质上确定了一种新的人才标准，它代表着人才素质变化的性质和方向，它输出着一条重要的信息：社会需要充满生机和活力的人、有开拓精神的人、有新思想道德素质和现代科学文化素质的人；它客观上引导人们朝这个目标提高自己的素质，使人的本质力量在更高的层次上得以确证；它激发人的主体性、能动性、创造性的进一步发挥，从而使人自身的内涵获得极大丰富和扩展。

（三）创新意识的构成

创新意识包括创新兴趣、创新动机、创新情感和创新意志。

1. 创新兴趣

兴趣是人们力求探究某种事物和从事某项活动的意识倾向。其表现为人们对某件事、某项活动积极的态度和情绪反应，并且使人对感兴趣的事物给予优先的注意。创新兴趣是对挑战陈规、创造新事物、提出新方法等感兴趣，热衷于从事创新活动。创新对象的奥秘对人有巨大的吸引力，创新的结果给人以希望和召唤，创新本身就是一种强烈的、引起兴趣的刺激物。拥有创新兴趣的人，更能全神贯注、积极热情地调动一切潜能进行创新实践，更易于发现问题，探索未知领域，并且感到轻松快乐，不知疲倦地钻研。德国物理学家玻恩说过：“我一开始就觉得研究工作是很大的乐趣，在今天，仍旧是一种享受。”

创新兴趣往往与好奇心、求知欲联系在一起，这是人的天性，有的人将这种天性抑制和闲置，而有的人将这种天性保持和发扬。当个体充满兴趣地从事创新活动时，各项心理功能都积极地活跃起来：感觉清晰，观察准确，思维敏捷，记忆力牢固，注意力集中而持久。同时，创新兴趣引领着创新目标的确立、创新能力的开发，人们总是优先根据自己的兴趣来选择合适的创新内容和方向。

2. 创新动机

动机是激发和维持个体的活动，并使这种活动朝着一定目标努力的内部心理倾向。与其他活动一样，创新活动也是受到动机的直接驱动而产生的。创新动机是指引起和维持个体进行创新行动的内在驱动力，是创新行为的动力基础。动机作为人的积极性的重要源泉，是激发人们进行各种活动的直接原因，是促使个人潜在创新能力向实际创新行为转化的动力。

创新动机在创新活动中主要有三方面的功能：一是激活功能，创新动机激发、推动个

体产生创新行为；二是指向功能，创新动机总是使创新活动指向一定的目标或对象；三是维持与调节功能，创新动机一旦引起创新实践，会使人表现出极大的积极性，维持创新过程。个体能否坚持或如何做出调整和改变，也会受到创新动机的调整和支配。

3. 创新情感

创新情感是引起、推进以至完成创造的心理因素，只有具有正确的创造情感才能使创造成功。

4. 创新意志

创新意志是在创造中克服困难，冲破阻碍的心理因素，创新意志具有目的性、顽强性和自制性。

二、创新来源

一个苹果砸出了牛顿力学，入睡的瓦特被一阵开水的响声吵醒，发明了蒸汽机，这是创新中的顿悟。创新不仅有顿悟或者灵感突现，还有许多来源，如意外发现、观察他人、重组创新、改变规则、灵感知识推动、需求拉动、用户自发创新、对未来的探索等。

1. 意外发现

偶然事件确实会引发创新，其中一个著名的例子就是弗莱明发现青霉素，从最初的失误和偶然事件演变成最后的创新。

2. 观察他人

从模仿或扩展他人所做的事情而产生创新。在市场竞争中，一个重要的策略就是向他人学习，模仿不仅是一种简单的学习方式，更是一种创新的成功策略。许多用于产品和流程的工具都是从竞争对手那里得到启发，然后研制成功的。

3. 重组创新

重组创新是一个受到研究者和创新者青睐的概念。通常情况下，一些突破是将表面上看起来毫不相干的两件事凑到一起，引发一个全新的概念。

4. 改变规则

游戏规则的改变会推动或拉动创新朝着新的方向发展。比如，道路摄像头数量的迅速增加有助于加强交通安全管理，同时也催生了一个新的行业——指导驾驶员加强对交通安全法规的重视和学习。这属于环境改变带来的空间和机会。

5. 灵感

灵感也称作阿基米德时刻。这源于正在洗澡的阿基米德一丝不挂地从澡盆中跳出来，迫不及待地告诉人们他发现了浮力。但实际上，灵感的产生往往建立在大量的思考和实践的基础之上。

6. 知识推动

知识是创新的原动力，通过科学前沿的推动而创造机会。创新的一个显而易见的来源是通过科学研究发现新的可能性。如今许多企业都建立了研发中心，通过技术研究来推动企业的产品创新。知识推动型创新的关键在于经过刻苦努力之后才会取得重要突破。雷达、复印机、手机、抗生素等都是知识推动型创新的例子。

7. 需求拉动

需求是创新之母。创新是为了满足人们需求而进行的改变，比如福特可以将富人的奢侈品——那些早期的豪华轿车，变成一种“普通人的交通工具”。

经典案例

杭州第19届亚运会向世界呈现了首个数字点火仪式，活动参与人数超1亿人次。如何让数字点火互动在手机支付宝小程序里正常运行，成为攻坚难题。蚂蚁集团利用自研Web3D互动引擎Galacean打造了亚运数字火炬手平台，做到亿级用户规模覆盖，并支持97%的智能手机设备，用户不需要下载App，通过支付宝小程序就能参与。为了保障新老机型都能顺畅运行，项目组还设立了大型测试机房，放置数百台不同年代及型号的手机，进行超过10万次的测试，帮助杭州亚运会实现“通过一部手机，人人都能成为数字火炬手”的目标。

（资料来源：https：//baijiahao. baidu. com/s？ id = 1782130425642673946&wfr = spider &for = pc，有改动）

8. 用户自发创新

由于用户使用产品的时间更长，对产品的更新有敏锐的洞察力。在创新的过程中，他们的主要作用是接受新的观念、关注满足具体需求的方法，并且为下一次实验做好失败的准备。有时，用户自发创新会使整个创新过程处于持续发展状态。

9. 对未来的探索

宇宙和未来充满许多未知，促使我们去遐想与探索，从而激发创新的灵感。改变世界和我们对世界的看法，迫使我们沿着新的方向创新。彼得·德鲁克说：“有些创新的确来自天才的灵光一现，但大多数创新都源自对创新机遇的苦心寻求，即系统化创新。系统化创新始于对创新机遇源头的分析。”

对于企业来说，创新机遇的源头通常来自洞察行业发展趋势、了解客户新的需求、解决问题及寻找空白市场等。产品的创新通常包括前所未有的产品、新的产品线、产品线延伸、产品重新定位、降低成本和渐进性产品改进等。

第三节　创新思维

一、创新思维

（一）创新思维概述

创新思维是人类思维的高级过程，是指人类在探索未知领域的过程中，能够打破常规，积极向上，寻求获得新成果的具有社会价值的新颖而独特的思维活动。创新思维不是创意，更不是创造力。创新思维运行的过程就是创意的认知过程，创意输出的过程，就是创造力产生的过程。也就是说，创新思维是创意的组成部分，也是创造力产生的“工具”。因此，创新思维是在抽象思维和形象思维的基础上和相互作用中发展起来的，抽象思维和形象思维是创造性思维的基本形式。

经典案例

浙江省临安区是山核桃的主产地，近年来通过推广“山核桃丰产稳产综合栽培技术”，山核桃种植面积和平均年产量分别占全国的60%和70%。但消费者普遍反映“山核桃好吃壳难咬”。为解决这一难题，临安区农业龙头企业东林绿色食品有限公司想出一妙招，即在山核桃深加工的基础上，将其适度砸碎，消费者只需用手掰开就可食用。这种手剥山核桃一经面世，立即受到了消费者欢迎，而加工一公斤手剥山核桃，比普通山核桃可增值9元，仅此一项，临安区就增收3000余万元。

（资料来源：https：//doc. mbalib. com/view/594276376d950a4db0a404dffbf50eb1. html? topic_ id=300776? topic_ id=300776，有改动）

（二）创新思维的特征

1. 敏感性

要想打破常规思维的界限，产生新的思维成果，就必须敏感地感知客观世界的变化。敏感性是指能敏锐地观察和认识客观事物的性质、特征。客观事物纷繁复杂，所表现出的特征也各式各样，如何正确区分和识别它们的特点与联系，与人的思维敏感性密切相关。具有敏感性思维的人，他们所表现出的创新能力也较强。

2. 新颖性

创新思维重在创新，体现在思考的方式上、思路的方向上、思维的角度上具有创造性和开拓性。认识事物时不停留在原有的层面上，而是进行重新的认识和分析，以独特的方法解决问题，用新奇的方式处理事情，产生新产品、新工艺、新方法、新方案等，从而形成和产生新的实用性或新的价值。

3. 联动性

创新思维具有由此及彼的联动性，这是创新思维所具有的重要特征。联动方向有三个：一是纵向，就是看到一种现象，即向纵深思考，探究其产生的原因；二是逆向，就是发现一种现象，则想到它的反面；三是横向，就是能联想到与其相似或相关的事物。创新思维的联动性表现为由浅入深、由小及大、触类旁通、举一反三，从而获得新的认识和新的发现。

4. 开放性

创新思维是开放性的，要创新就必须善于学习、勤于思考，实现与外界的物质、能量和信息的交换。

5. 跨越性

创新思维属于非常规性、非逻辑性的思维活动。具有创新思维的人常常独具卓识，敢于质疑，善于破除陈规和思想的禁锢，善于从新的角度思考问题，力求另辟蹊径，得到突破性的新发现。

（三）创新思维的过程

创新过程是一个精心设计的复杂而漫长的过程，创新思维需要经历若干阶段的探索，才可能得到预期的想法和创意，与偶然、直觉、一瞬间的灵光乍现相比，系统的创新思维过程所产生的新想法，无论是数量还是质量都要高很多。大学生尤其需要认真地学习和总结创新思维的过程和规律，有意识地应用创新思维的方法。英国心理学家格林汉姆·沃勒斯（Graham Wallis）提出了经典的“准备—酝酿—顿悟—验证”四个阶段创造思维模式。

1. 准备阶段

创新思维是从发现问题、提出问题开始的。“问题意识”是创新思维的关键，提出问题后必须为着手解决问题做充分的准备。这种准备包括必要的事实和资料的收集、必需的知识和经验的储备、技术和设备的筹集以及其他条件的提供等。同时，必须对前人在同一问题上所积累的经验有所了解、对前人尚未解决的问题进行深入的分析。这样既可以避免重复前人的劳动，又可以使自己站在新的起点从事创造工作，还可以帮助自己从旧问题中发现新问题，从前人的经验中获得有益的启示。

2. 酝酿阶段

酝酿阶段要对前一阶段所获得的各种资料和事实进行消化吸收，从而明确问题的关键所在，并提出解决问题的各种假设和方案。有些问题虽然经过反复思考、酝酿，但仍未获得完美的解决，常常出现思维“中断”、想不下去的现象，这些问题仍会不时地出现在人们的头脑中甚至转化为潜意识，这样就为第三阶段打下了基础。许多人在这一阶段常常表现为狂热和如痴如醉，令常人难以理解。

3. 顿悟阶段

顿悟阶段也称为豁朗阶段。经过酝酿阶段对问题的长期思考，创新观念可能突然出现，思考者大有豁然开朗的感觉，真是“山重水复疑无路，柳暗花明又一村”，这一心理现象就是灵感或灵感思维。灵感的来临，往往是突然的、不期而至的。例如，德国数学家高斯为证明某个定理，被折磨了两年仍一无所获，可是有一天，正如他自己后来所说的“像闪电一样，谜一下解开了”。

4. 验证阶段

思路豁然贯通以后，所得到的解决问题的构想和方案还必须在理论上和实践上进行反复论证和试验，验证其可行性。经验证后，有时方案得到确认，有时方案得到改进，有时方案甚至完全被否定，再回到酝酿阶段。总之，灵感所获得的构想必须经过检验。

（四）突破创新思维障碍

创新思维是一切创新的前提，若思维成定式，就会严重阻碍创新。所以，创业者要善于克服思维定式，突破创新思维障碍。

1. 克服思维定式

思维定式，也称“惯性思维”，是由先前的活动而造成的一种对活动的特殊的心理准备状态，或活动的倾向性。简单来说就是人们习惯用以往经常用的思维方式来看待和解决问题，就叫作思维定式。它有积极的作用，也有消极的作用。积极作用，在环境不变的条件下，它使人能够应用已掌握的方法迅速解决问题；消极作用，在情境发生变化时，它则容易僵化思维，妨碍人采用新的方法，是束缚创造性思维的枷锁。

经典案例

华为在面对全球通信行业一体化发展趋势时，想要突破传统企业束缚，寻找新的增长点。他们意识到传统的网络通信设备市场已经趋于饱和，因此转变思维方式，推出了全联接战略。他们开始在智能家居、物联网、云计算等领域发力，实现了业务多元化和全球市场的拓展，带来了可观的增长。

（资料来源：https：//baijiahao. baidu. com/s？ id = 1779357191131902557&wfr = spider &for = pc）

常见的思维定式有以下几个类型。

（1）经验型思维定式

丰富的经验是宝贵的，是人们处理问题时的好帮手，但如果过分相信与依赖以往的经验，反而不利于问题的解决。在解决实际问题的过程中，并不是像学习中解决一道算术题那么简单，只需要把适合的公式代入即可，还要根据环境、主体、对象以及问题本身的变化来适当地发挥经验型思维的作用。

（2）书本式思维定式

书读百遍，其义自见。人们从学习知识的那一天起，似乎就对书本产生了一种崇拜之情，也相应地产生了某些依赖。生活中经常有人这么说："书上就是这么写的。"这种对书中的内容不假思索与质疑就全盘接受的现象就是书本式思维。在学习书本知识时，不仅要接受书本知识理论的指导，更要防止对书本内容的全部无条件接受，要敢于质疑、活学活用。正如古人所言："尽信书不如无书。"如果不考虑已经变化的因素，依然按照书本式思维去求索问题，可能会走很多弯路，甚至是错路。

（3）权威型思维定式

在日常生活、学习与工作中，很多人会把自己的长辈、老师、领导、专家或名人等当作权威人物，并以他们的观点与思想作为自己为人处世、学习与工作的信条。权威人物具有自身优越性，一般情况下他们确实拥有比其他人更多的成功经验与声望，对相关问题更具发言权，更能够使他人信服。但是，权威人物的观点与思想并不一定完全正确，也并不一定适合每一个人。所以，自己要具有足够的分辨能力，不能将其全部奉为信条。

（4）从众型思维定式

从众型思维是一种个体缺乏自身判断、容易受外界环境影响的思维。在这种思维导向下，个体往往会缺乏怀疑精神和自主判断的能力，受外界影响较大，在决策时，即使外界判断错误，也会迫于外界压力同意错误的判断。在封闭、僵化并缺乏安全感的社会环境中，比较容易滋生从众型思维。从众型思维的滋生和流行容易造成社会人格的平均化、平庸化趋向。在这种思维的主导下，显然不利于创造思维的发展。

（5）模式型思维定式

模式型思维是指固守以往成功经验所总结、固化的一套方式方法。在生产、经营、科研及生活等领域中有很多模式化的东西，如烹饪、生产流水线、操作规程、实验方法、商业模式等。众多大大小小的模式是经验的总结、优化，对实践有很好的指导作用。很多商业上的成功正是模式的成功，然而，“成也萧何，败也萧何”，很多商业上的失败也是由于模式的失败，如柯达、诺基亚等公司原来的成功模式不能适应新的变化，从而导致失败。

（6）直线型思维定式

直线型思维是一种直线的、单向的、单维的、缺乏变化的思维方式。这种思维方式有两个基本特点：一是把多元的问题变成一元的，“一条道走到黑”，排除其他道路的可能；二是非此即彼，非对即错，不考虑其他方案的可能性，简单地进行二选一。用直线型思维处理具有非此即彼的答案的问题时，能很快得出正确答案。但是，如果在处理复杂问题时也按部就班地依照直线型思维行事，便无法切中问题要点。

（7）局限型思维定式

局限型思维是在忽略问题之间、问题环节或要素之间的关联性和整体性的情况下，偏重或局限于个别方面去思考解决问题的思维方式。由于忽略了问题之间的普遍联系特征，局限型思维往往不能敏锐地把握问题的发展，以致在实际解决问题时造成停滞不前或者耽误时机的后果。人们应该学会辩证地看待问题，不断锻炼自己从联系和发展的角度去思考问题。可以试着换一个角度思考，不只拘泥于这一个部分，或许把它放在整体之中，当其他问题解决时，这一难点也会相应解决或找到解决办法。

（8）循规蹈矩型思维定式

循规蹈矩型思维安于现状，不愿意进行深入思考，不积极进行创新，是一种惰性思维。如果人们长期受这种思维的影响，就会像被驯化的动物一样，不再主动开动脑筋，而只是机械性地操作。创造性活动是积极进行创新、开拓新知识的活动，而循规蹈矩型思维方式会严重阻碍创造性活动的开展。在思维方式上存在这种惰性的人，很难获得创造性成果。

经典案例

一位公安局局长在路边同一位老人谈话，这时跑过来一个小孩，急促地对公安局局长说：“你爸爸和我爸爸吵起来了！”老人问：“这孩子是你什么人？”公安局局长说：“是我儿子。”请你回答：这两个吵架的人和公安局局长是什么关系？

这一问题，在100名被试中只有两人答对！后来对一个三口之家问这个问题时，父母没答对，孩子却很快答了出来：“局长是个女的，吵架的一个是局长的丈夫，即孩子的爸爸；另一个是局长的爸爸，即孩子的外公。”

为什么那么多成年人对如此简单的问题解答反而不如孩子呢？这就是定式效应：按照成人的经验，公安局局长应该是男的，从男局长这个心理定式去推想，自然找不到答案；而小孩子没有这方面的经验，也就没有心理定式的限制，因而一下子就找到了正确答案。

（资料来源：https：//localsite. baidu. com/okam/pages/article/index? categoryLv1 =%E6%95%99%E8%82%B2%E5%9F%B9%E8%AE%AD&ch = 54&srcid = 10004&strategyId = 142911951613165&source = natural，有改动）

（9）太极型思维定式

太极型思维是指缺乏选择能力、缺乏主见，不知该如何取舍，模棱两可的思维方式。具有这种思维特征的个体往往缺乏决断力，在解决问题时没有自己的主见，犹豫不决。在很多情况下，由于不能确定解决问题的方案，很多解决问题的最佳时机就会被错过。人生中有很多机会是来之不易的，所以要勇于面对抉择，敢于付诸行动，切莫在犹豫不决中错失良机。

2. 扩展思维视角

人的思维活动不仅有方向、有次序，还有起点。在起点上，就有切入的角度。我们把思维开始时的切入角度，称为思维视角。思维视角就是思考问题的角度、层面、路线或立场。实际上，思维视角对于创新活动来说非常重要，创新应该尽量多地增加头脑中的思维视角，学会从多种角度观察同一个问题。

（1）肯定—否定—存疑

思维中的“肯定视角”，就是当头脑思考一种具体的事物或者观念的时候，首先设定它是正确的、好的、有价值的，然后沿着这个视角，寻找这种事物或观念的优点和价值。思维中的“否定视角”正相反，否定，也可以理解为“反向”，就是从反面和对立面来思考事物，并在这种视角的支配下寻找这个事物或者观念的错误、危害、失败等负面价值。对于某些事物、观念或者问题，我们一时也许难以判定，那就不应该勉强地“肯定”或者“否定”，不如放下问题，让头脑冷静一下，过一段时间再进行判定。这就是“存疑视角”。

（2）自我—他人—群体

我们观察和思考外界的事物，总是习惯以自我为中心，用我的目的、需要、态度、价值观念、情感偏好、审美情趣等为标准尺度去衡量外来的事物和观念。“他人视角”要求我们，在思维过程中尽力摆脱“自我”的狭小天地，走出“围城”，从别人的角度，站在“城外”对同一事物和观念进行一番思考，你会发现创意的苗头。任何群体总是由个人组成的，但是，对于同一个事物，从个人的视角和从群体的视角来看，往往会得出不同的结论。

（3）无序—有序—可行

“无序视角”是指我们在创意思维的时候，特别是在思维的初期，应该尽可能地打破头脑中所有的条条框框，包括那些法则、规律、定理、守则、常识之类的东西，进行一番“混沌型”的无序思考。“有序视角”是指我们的头脑在思考某种事物或者观念的时候，按照严格的逻辑来进行，透过现象，看到本质，排除偶然性，认识必然性。创意的生命在于实施，我们必须实事求是地对观念和方案进行可行性论证，从而保证头脑中的新创意能够在实践中获得成功，这就是“可行视角”。

3. 超越自我

突破障碍就是突破自我，进一步地说就是超越自我，超越自我才是创新。所谓“超越”，实际上也是一种思维方式。这种思维方式，就是站在时代的制高点，超越时空的限制，根据对客观规律的正确认识，对事物的发展趋势进行正确的判断，从而作出科学的决策。只有超越才有创新，超越既不是拘泥于现实的墨守成规，也不是脱离实际的凭空幻想。超越自我意味着思维方式的不断创新，也意味着人生目标的不断前移，最终实现人生的价值。

能力训练

训练发散思维

（一）托兰斯创造思维测验

以下这道题是来自托兰斯创造思维测验（TTCT），考考你的发散思维。

这是一幅含义模糊的图画，请针对画面写下你所能够想到的一切问题，从而帮助你更确切地了解正在发生着什么。问题越多越好，越新奇越好，试想出其他人想不到的问题。

____

（二）从多种思维发散点出发

请根据以下思维发散点的指向，打开思路，尽量在短时间内提出多而独特的答案。

1. 材料发散。

学校的饭卡有哪些用途？

____

头发有哪些用途？

____

2. 功能发散。

用哪些方法可以照明？

____

____

____

3. 方法发散。

运用“敲”可以办成哪些事？

____

____

____

4. 结构发散。

什么物体是圆形的？

____

____

____

第二章　创新能力与创新人才

案例导入

某知名互联网公司，一直致力于为用户提供高质量的互联网产品和服务。然而，随着市场竞争的加剧和用户需求的不断变化，公司面临着巨大的挑战。为了保持竞争优势，公司决定加大创新力度，培养一支具有创新能力的团队。

公司首先从内部选拔了一批具有创新思维和潜力的员工，组成了一个创新团队。接着，公司为这个团队提供了丰富的资源和支持，包括先进的技术设备、专业的培训课程以及宽松的工作氛围。团队成员在这样的环境下，充分发挥了自己的想象力和创造力，不断尝试新的想法和方案。

经过一段时间的努力，创新团队成功地开发出一款全新的社交产品。这款产品不仅具有独特的功能和设计，还充分考虑了用户的需求和体验。在推向市场后，迅速获得了广大用户的喜爱和认可，为公司带来了可观的收益和市场份额。

（资料来源：张雪黎，刘安卿．大学生创新创业教程［M］．北京：人民邮电出版社，2017.）

学习目标

认知创新能力、创新成果；

培养创新人才。

第一节　创新能力培养

一、创新能力

（一）创新能力概述

所谓能力是人们完成某种活动的具体方式以及顺利地、成功地完成某种活动所必需的个性心理特征。创新是一种变革，包括从产生新思想到产生新事物再到将新事物推向社会受益的系列变革活动。这些新思想、新事物可以是对某些发明产生商业化应用的新思想及其新事物，也可以是根据社会实践产生的发明创造设想及其发明创造以及进一步施行的商业化运作的活动。创新能力是在前人发现或发明的基础上通过自身的努力创造性地提出新的发现、发明或改进革新方案的能力，主要包括动手能力或操作能力、熟练掌握和运用创新技法的能力以及创新成果的表达能力等。

经典案例

华为，作为中国的科技巨头，其发展历程充满了创新的力量。从最初的一家小型民营科技企业起步，华为通过持续的技术创新和市场拓展，逐渐发展成为全球知名的通信设备制造商。

在华为的发展过程中，创新始终是其核心竞争力的重要组成部分。华为不仅在传统的通信设备领域取得了显著成就，还在云计算、人工智能、物联网等新兴领域积极布局，通过技术创新推动产业升级。

其中，华为在5G技术的研发和应用方面取得了重大突破。华为在5G技术研发上投入了大量的人力、物力和财力，成功推出了一系列具有自主知识产权的5G产品和服务。这些产品和服务不仅满足了国内市场的需求，还出口到全球多个国家和地区，为华为赢得了广泛的国际声誉。

（资料来源：https：//www. sohu. com/a/693407227_ 121687419，有改动）

拓展阅读

创造力与创新能力的区别与联系

创造力与创新能力是在现代社会中越来越受到重视的两个概念。它们虽然有相似的含义，但却有着不同的内涵和作用。本文将探讨创造力与创新能力的区别与联系，以便更好地理解和应用这两个概念。

一、创造力的定义和特征

创造力是指能够提出独特、新颖和有价值的想法、观点或解决方案的能力。创造力涉及对问题的重新思考以及提出全新的思考方式。它与个人的想象力、灵感和直觉等密切相关。创造力常常表现为发现新的事物、创作艺术作品、提出创新的理念等。创造力的特征包括以下几方面。

1. 独特性

创造力强调独特、非常规的想法和观点。它追求在众多解决方案中找到与众不同的创意。

2. 新颖性

创造力要求提出新颖、前所未见的想法。它与传统的、常规的思维方式截然不同。

3. 有价值性

创造力不仅是提出新颖的想法，还要求这些想法具有一定的实用性和意义性。

二、创新能力的定义和特征

创新能力是指将创造力转化为实际并具有经济价值的行动能力。创新能力涉及将创造性的想法付诸实施，并在实际应用中取得成果和效益。创新能力与企业发展和竞争力密切相关，也是推动社会进步和经济增长的重要因素。创新能力的特征包括以下几方面。

1. 实践性

创新能力要求将创造性的想法付诸实践，并在实际应用中得以验证。

2. 可持续性

创新能力追求长期的持续创新，注重在不断变化的环境中寻找新的机会和解决方案。

3. 经济价值

创新能力需要将创造性的想法转化为经济价值，并能够为组织或个人创造财富和利润。

三、创造力与创新能力的区别

创造力与创新能力虽然有着相似的内涵，但在概念和作用上有明显的区别。

1. 概念上的区别

创造力强调提出独特、新颖和有价值的想法，而创新能力强调将创造性的想法付诸实践并取得经济价值。

2. 内容上的区别

创造力注重对问题的重新思考和提出全新的解决方案，而创新能力注重将创造性的想法付诸实施并在实际应用中取得成果。

3. 目标上的区别

创造力的目标是提出独特和有创意的想法，而创新能力的目标是将创造性的想法转化为实际效益和经济价值。

四、创造力与创新能力的联系

尽管创造力与创新能力有明显的区别，但它们也存在紧密的联系。

1. 相互促进

创造力是创新能力的重要基础。创造力是提出创新想法的原动力，而创新能力则将这些创造性的想法转化为实际效益。

2. 互补关系

创造力和创新能力相辅相成，互为补充。创造力提供了创新的源泉，而创新能力将创造力转化为实际价值。

3. 共同要素

创造力和创新能力都需要具备一定的知识储备、思维能力和行动能力。两者都需要注重培养和发展。

（二）创新能力的特性

1. 可塑性

创新能力不是天才的专利，正如前文提到的，人人是创新之人，天天是创新之时，处处是创新之地。无论你身体是否健康，年龄多大，从事什么职业，都不会影响你的创新。创新能力并不是与生俱来的，也不是固定不变的，它是可以通过教育、训练、实践被不断激发培养的。人类创新能力的形成要遵循遗传规律。遗传素质是人类创新能力的物质基础，我们承认它，但不把它当作唯一。环境是人的创新能力形成和提高的重要条件，环境优劣影响着个体创新能力发展的速度和水平。人是社会的人，人的创新实践并不是在“真空”中进行的，必然受到环境的影响。“独学无友，孤陋寡闻”，与同学们一起讨论争辩，可以互相启发，容易出现灵感，获得创新成效。同时可以发挥潜意识的作用，在思考问题时放松身心，使自己进入轻松的状态，这样有助于提高创新能力。

经典案例

李伟是一家小型科技公司的研发工程师。在公司里，李伟一直负责一些基础的技术开发工作，虽然工作稳定，但他总觉得自己在创新方面有所欠缺。

有一天，公司决定开发一款全新的智能家居产品，李伟被选为项目组的成员之一。他意识到这是一个锻炼自己创新能力的绝佳机会，于是决定全力以赴。

在项目的初期，李伟遇到了很多困难。他对智能家居市场的了解不够深入，对新技术的学习也进展缓慢。然而，他并没有放弃，而是利用业余时间大量阅读相关书籍和资料，积极向同事请教，不断积累知识和经验。

随着时间的推移，李伟逐渐找到了创新的灵感。他发现市场上的智能家居产品大多只关注功能的实现，而忽略了用户体验的提升。于是，他提出了一些新的设计思路，比如增加语音控制功能、优化界面交互等，旨在让产品更加符合用户的实际需求。

这些创新的设计思路得到了项目组的认可，并被纳入了产品的开发计划中。经过几个月的努力，李伟和团队成功开发出了这款智能家居产品，并获得了市场的广泛好评。

（资料来源：张雪黎，刘安卿．大学生创新创业教程［M］．北京：人民邮电出版社，2017.）

2. 综合性

创新能力是在创新过程中所体现出来的各方面能力的合成，其中创新思维是创新能力的核心。创新思维需要一个人具备自我创新、预测角色、应变、处理信息、组织协调和语言沟通表达能力。创新能力是这些能力的综合，每个人在这些能力的发展上存在差异，也正因为如此，才产生了各行各业的创造性人才。

3. 创新能力具有倍增性

众多实践经验已经充分证明，提升和激发个人的创新能力，在经济效益上能够远超传统经济模式。在当今的知识经济时代，管理或经营分析时，简单的加法逻辑“1+1=2”可能不再适用。其结果可能因创新或智慧的加入而呈现出多样性，从负数到正数，甚至可能达到惊人的增长。

（三）创新能力的构成

1. 发现问题的能力

发现问题的能力是发现那些让人难以觉察的、隐藏在习以为常现象背后问题的能力。它表现为意识到存在于周围环境中的矛盾、冲突、需求，意识到某种现象隐藏的未解之处，意识到寻常现象中的不寻常之处。例如，看到两块大小悬殊的石头从悬崖上同时落到了深谷的底部，却几乎没有人对亚里士多德关于物质下落的速度和它的质量成正比的理论提出疑问，只有伽利略能发现这一问题的存在。这一意识促使他进行了比萨斜塔上的实验，证明了物体的下落速度同它们的质量无关，从而纠正了影响人们 2000 多年的错误理论。发现问题能力的前提是好奇心和怀疑。好奇心会增强人们对外界信息的敏感性，帮助人们发现问题并追根溯源，提出一连串问题；怀疑就是对权威的理论、既有的学说和传统的观念等，不是简单地接受与信奉，而是持怀疑和批判的态度。

发现问题能力在创新活动中通常是由认知风格和工作风格来体现的。认知风格是指个人所具有的在打破心理定式和理解复杂问题过程中表现出来的气度、能力和心理特点。工作风格是指能长时间集中精力和聚焦问题的工作态度和工作能力。

2. 独立创新的能力

独立创新的能力是指寻求不同寻常思想的能力和新奇的、独特的解决问题的能力。能想出别人想不出来的点子，看出别人看不到的问题。它是一种求新求异的能力。具有独创能力的人往往与他人不同，他们独具卓识，能提出新的创见，做出新的发现，实现新的突破，具有开拓性。而缺乏独创能力的人，只会一味地模仿和盲从。只知道遵从传统习惯，而不进行变革、突破，就不可能创新。

独创能力是创新能力最本质、最重要的核心要素，它反映了一个人创新能力水平的高低。同时，独创能力是人们在创新活动的各个阶段或各个领域都需要具备的最基本的能力，无论在技术产品开发上，还是在生产、管理和市场开拓上，甚至在日常学习和生活中，都需要独创能力。失眠，人们都认为只有吃药才能治愈。可是瑞士一家公司却与众不同，他们想到了吃药以外的一种更简单、更实用的方法。这家公司开发出一种能促使失眠者很快入睡的录音磁带，上面录的都是“废话”。人们都讨厌废话，但多数人从未想过它可以用来服务失眠者。因此，这个产品可谓独创产品。

3. 变通的能力

变通的能力是指思维迅速地从一类对象转变到另一类对象的能力。它要求人们能够从一种思想转换到另一种思想，或是多角度思考问题，能用不同分类或不同方式研究问题。具有变通能力的人，一般都能根据客观情况的变化来解决问题，思维灵活应变，不囿于条条框框，敢于提出新观点，思想活跃。而缺乏变通能力的人，往往机械呆板，墨守成规，没有创新精神，思想陈旧，观点保守。越是能带来重大突破的创新，越是需要借助于其他领域的知识，吸取外来的思想。例如，19 世纪的英国化学家道尔顿提出了化学原子论，恩格斯称誉他为“近代化学之父”。当时，他是一位气象学家，他原来研究的是水吸收气体和大气吸收水等物理问题。他认为，气体发生混合同水吸收气体都是没有亲和力作用的过程。正是由于道尔顿头脑里没有当时化学家用来解释混合物和化合物区别的亲和力理论，而是从大气物理的角度进行考察，他才能从当时使化学家感到迷惑不解的溶液均匀性问题中，揭示出关于元素化合物的倍比定律，并进一步提出了化学原子论。

创新需要多向思维，只有流畅的思维远远不够，还需要有变通的能力。因为流畅性强调产生设想的数量，如果只是在同一类型上作出众多反应，那么就会形成思维定式。变通性不仅反映思维的广度，还反映思维的维度及其多样化。单一不能变通，多样才能灵活。

变通的类型有性质变通、方向变通、时间变通、形状变通、功能变通、蕴含变通等。要提高变通的能力，就必须克服思维定式，打破传统的思维习惯。变通的能力，必须以广博的学识为基础，有了广博的学识，才能左右逢源。

经典案例

沃尔玛是全球最大的零售商之一，它通过引入多元思维，打破了传统零售业的固有思维。沃尔玛使用大数据分析技术，对供应链进行了全面的优化和创新。通过分析消费者的购买行为和需求趋势，沃尔玛能够更准确地预测产品需求，优化库存管理，提高供应链效率。这种多元思维的创新使沃尔玛在竞争激烈的零售市场中保持领先地位。

（资料来源：https：//baijiahao. baidu. com/s？ id = 1779169351879960037&wfr = spider&for = pc，有改动）

4. 制订方案的能力

制订方案的能力是指把一个创新的想法变成一个具体实施方案的能力。方案是为了解决特定的问题，达到预期目标而采用的方法和手段是围绕着实现创新目标而制定的。制订方案时，要明确创新目标是什么，分析实现这个创新设想存在哪些问题和困难，了解其有利因素和不利因素。针对需要解决的问题，选择采用的主要方法和途径，并确定需要解决的重点和方向，最后，制订方案的实施步骤。创新是一项探索性的工作，没有现成方法和模式可以照搬，它不是对人类已有认识和实践的重复，而是在此基础上进行新的创造。因此，创新过程不可能一帆风顺，其中必然会遇到许多挫折和失败。为此，就需要拟订多套方案以备选择。

5. 评价的能力

评价的能力是指通过评审从许多方案中选择出一种方案的能力。在创新活动中，需要冲破任何约束，解放思想，从而提出大量的设想、构思和方案。在多种方案中，除了个别的可能是“闪光”的设想，也不可避免地伴随着大量的在技术、经济上暂不可行的设想。因而需要通过评价，选出技术上和经济上可行的、有希望获得成功的方案。如果不进行评价，往往会造成人力、物力和财力的浪费。评价还可以促进创新过程中方案的优化。没有正确的评价，没有正确的筛选，就无法保证得到最优的创新方案。不仅在创新初期要进行方案选择的评价，以寻求最佳方案，在创新完成时也要对创新结果进行评价，以确定创新的价值和水平。

第二节　创新人才

一、创新人才的时代背景

（一）由“中国制造”到“中国创造”

经过多年的高速发展，今天的中国享有“世界工厂”的美誉，据有关数据统计，在工业制成品中，中国已有超过 130 种产品的产量位居世界第一。但实际上，中国是国际产业链分工里利润最薄的一环。长期以来，靠廉价劳动力支撑的“中国制造”，付出的代价和成本是很高的，但是在价值链上所分配的利益是比较少的。例如一双耐克鞋，在国际市场上卖200美元，但其中90美元被设计商拿走，100美元被渠道商拿走，留给中国加工制造者的利益只有10美元左右。

建立在廉价劳动力、资源消耗、土地占用和优惠政策等优势之上的“中国制造”，不但出口产品在国际产业链分工中一直处于低端位置，而且日益面临国际贸易摩擦、能源原料短缺、环境恶化及“民工荒”等诸多方面的压力。毫无疑问，“中国制造”正在遭遇前所未有的发展“瓶颈”。要改变这种状况，任务极其艰巨，关键就是要转变发展方式，使“中国制造”走向“中国创造”。

那么，怎样才能使“中国制造”走向“中国创造”？这就要使产业从低端走向高端，要通过研发、设计来提高产品的附加值，同时打造自己的品牌，在价值链分配上从低端走向高端。

（二）大学生是创新的中坚力量

经典案例

在一个普通的周末，位于华南地区的一所著名大学内，一群大学生正在忙碌地筹备着一场特殊的科技竞赛。他们是学校创新实验室的成员，平时热衷于探索各种前沿科技，这次他们准备在竞赛中展示一款自主研发的智能家居系统。

这款系统名为“智慧生活管家”，结合了人工智能、物联网和大数据分析等多项技术，旨在为用户提供更加便捷、舒适的家居生活体验。大学生们从市场调研开始，深入了解了用户对智能家居的需求和痛点，然后结合所学知识，开始了系统的设计和开发工作。

在研发过程中，他们遇到了许多挑战。有时是技术难题，需要不断查阅文献、进行实验来寻找解决方案；有时是团队合作的问题，需要大家共同讨论、协商，以达到最佳的解决方案。然而，这群大学生并没有被困难击倒，他们相互鼓励、相互支持，一步步克服了前进道路上的障碍。

经过数月的努力，智慧生活管家系统终于研发成功。在竞赛现场，大学生们展示了系统的各项功能，包括智能语音控制、家庭安全监控、节能环保等。评委们对系统的创新性和实用性给予了高度评价，最终，他们的作品获得了竞赛的一等奖。

这次竞赛的成功不仅让大学生们收获了荣誉和自信，更让他们深刻体会到了创新的力量。他们意识到，作为大学生，他们拥有扎实的专业知识、敏锐的洞察力和勇于探索的精神，是创新的中坚力量。他们可以通过自己的努力，为社会带来更多的创新和进步。

智慧生活管家系统的研发和应用也产生了广泛的社会影响。越来越多的家庭开始使用这款系统，享受到了智能家居带来的便利和舒适。同时，这款系统的成功也激发了更多大学生对科技创新的热情和信心，他们纷纷加入创新实验室的队伍中，共同探索科技创新的无限可能。

中国科学界泰斗钱学森先生在他生命的最后阶段，曾经提出一个问题："现在中国没有完全发展起来，一个重要原因是没有一所大学能够按照培养科学技术发明人才的模式去办学，没有自己独特的创新东西，老是冒不出杰出人才，这是很大的问题。"钱老的问题表明，中国没有完全发展起来，主要原因是缺乏创新型人才。

大学生创造力的高低，从某种意义上讲，是决定我国能否从"中国制造"走向"中国创造"的重要因素。从产业链的构成来看，除了加工制造环节，还有六大环节：产品设计、原料采购、物流运输、订单处理、批发经营和终端零售。在美国，这六大环节主要是通过大学生的创造力创造的，这也是美国需要很多大学生的重要原因。而我国大学培养出的大学生的创造力不足以支持以六大环节为主的人才培养的基础产业结构，这也是大学生就业难问题的源头。因此，谁拥有创新型人才，谁就掌控了创新的主动权，谁就能站在全球化产业链的顶点。这也是解决我国大学生创业困难的出路。

在创新的世界里，探索的兴趣、创造的勇气、开拓的力量，几乎都是青年智慧的特色，是青春时期的"专利"。纵观古今，青年的创新行为一向令人叹为观止，影响着世界、改变着世界：300 年前青年瓦特以蒸汽机掀起了工业革命的浪潮，世界从此开始了现代化进程；青年哥白尼以"日心说"开启人类宇宙观大变革，从此自然科学便开始从神学中解放出来；青年哥伦布 71 天的历史性航程发现新大陆，使世界格局发生了重大变革。全球化、信息化和知识经济的到来，为人类的创新思维和创新事业提供了极为难得的机遇和无限广阔的空间。21 世纪是创意的世纪，可以说大学生创新正当时。

纵观世界科学发展，可以列出一长串创新型杰出人物的名字。许多创新型人才的重要创新发明，都产生于风华正茂、思维敏捷的青年时期。

牛顿发现二项式定理、无穷极数展开、微积分、无穷小概念，还几近创造极限概念时，刚满 22 岁。

1876 年，美国新泽西州蒙洛公园里搭起了一座两层盒式建筑。托马斯·爱迪生在这里完成了他 2000 多项发明的大部分，包括留声机、蓄电池、灯泡等，他发明留声机时才 29 岁。

21 岁的乔布斯（Steve P. Jobs）和 26 岁的沃兹尼艾克（Steve Wozniak）在乔布斯家的车库里创办了苹果电脑公司。他们开发的苹果Ⅱ具有 4K 内存，将用户使用的电视机作为显示器，这就是第一台在市场上销售的个人电脑。

比尔·盖茨（Bill Gates）在哈佛学习时为第一台微型计算机开发了 BASIC 编程语言的一个版本。在大学三年级的时候，盖茨离开了哈佛，并把全部精力投入他与孩童时期的好友保罗·艾伦在 1975 年创建的微软公司中。在"计算机将成为每个家庭、每个办公室中最重要工具"的信念引导下，他们开始为个人计算机开发软件。盖茨的远见卓识以及他对个人计算机的先见之明成为微软和软件产业成功的关键。在盖茨的领导下，微软持续地改进软件技术，使软件更易用、更省钱，也更富有乐趣。

（资料来源：刘霞，宋卫．大学生创新创业基础与实践［M］．北京：人民邮电出版社，2021.）

二、创新人才的内涵与特征

所谓创新型人才，就是具有创新意识、创新精神、创新思维、创新能力并能取得创新成果的人才。创新型人才需要具备四个重要品质，即强烈的创新意识，扎实广泛的基础科学知识，勤于思考、善于实践的能力，不怕艰难与失败的顽强精神。

（一）创新型人才内涵

1. 创新型人才是全面发展的人才

应具有“真、善、美”的宽广胸怀，并拥有“德、智、体、美、劳”协调发展的能力。创新型人才的基础是人的全面发展。创新意识、创新精神、创新思维和创新能力并不是凭空产生的，也不是完全独立发展的，它们与人才的其他素质有密切的联系。

2. 创新型人才就是个性自由、独立发展的人才

创新型人才应该成为一个有作为的、真正自由的、具有个体独立性的人，而不是成为作为工具的、模式化的、被套以种种条条框框的人。虽然不能说个性自由的人就有创造性，就能成为创新型人才，但没有个性的自由发展，创新型人才就不可能诞生。

3. 创新型人才是立足现实而又面向未来的人才

创新型人才应该具备博、专结合的充分知识准备，以创新能力为特征的高度发达的智力和能力，以创新精神和创新意识为中心的自由发展的个性，积极的人生价值取向和崇高的献身精神，以及强健的体魄。

（二）创新型人才特征

1. 主动、好奇

创新力强的人，兴趣总是十分广泛，对任何事物总是有一种好奇心理。他们并不是只对新鲜事物有强烈的好奇心，对那些在平常人看来非常正常的事也会产生好奇。

2. 敏感

创新力强的人对自己周围发生的一切都十分敏感。他能从平凡的事例中找出问题所在，找出现实和理想模式间的差距，常常从别人未注意到的枝节中捕捉到十分有用的信息，并巧妙地利用这种信息推动事业的发展。

3. 变通性

创新型人才思维十分活跃，善于举一反三，也善于提出一些怪异的念头。别人通常不理解这些想法，但时间一长就会发现其高明所在。

4. 自信

创新型人才通常具有较强的自信心。没有自信，他们就不敢提出自己的创意，自然也不可能成为创新型人才。他们有良好的直觉，而且屡屡的成功使他们相信这种直觉。

5. 耐力

一个创新活动的完成需要百折不挠、持久不懈的毅力和意志。他们在抓住目标后锲而不舍，不达目的决不罢休。特别是在主客观环境特别复杂、问题百思不得其解、寝食不安之时，耐力对一个创新型人才的重要性就凸显出来了。

6. 想象力

思想中的新观点、新形象来自合理的联想，有时会来自幻想或偶然的机遇。想象力丰富的人，联想多、幻想奇，有利于去揭开创新的序幕。

7. 勇气与胆略

有创新思维的人常常是胆略家，他们有足够的勇气提出自己的观点与想法。

创新力不是天生的，至少创新思维不是天生的，大学生想要拥有它，就必须留心加强这方面的锻炼。前面所说的七个特征都是可以通过锻炼来加强的。

知识拓展

创新型人才的一个突出特点是不简单认同既成的事实，不拘泥于固定的想法，具有求异思维和批判精神。

创新型人才，作为其所在行业的领军人物，具有创新精神和创新能力。他们通常表现出灵活、开放、好奇的个性，这些个性特征使他们能够不满足于现状，而是寻求改变和进步。创新型人才不仅具有精力充沛、坚持不懈、注意力集中、想象力丰富以及富于冒险精神等特征，而且他们的一个显著特点就是能够不简单地认同既成的事实，不拘泥于固定的想法。这种不拘一格的精神使他们能够跳出传统思维的框架，以全新的视角看待问题，从而提出新颖的解决方案。

创新型人才具有求异思维和批判精神，这意味着他们不仅能够发现问题，还能够对问题进行深入的分析和批判性的思考。他们不满足于接受现有的知识和观念，而是通过自己的努力和实践去探索新的知识和可能性。这种求异思维和批判精神是推动社会进步和个人发展的重要动力。

三、创新人才的素质要件

创新人才的素质分为智力因素和非智力因素两部分。前者可分为知识和能力两部分，后者主要体现在创新人才个性素质上。知识包括基础知识、专业知识和创新知识与技法；能力包括观察能力、判断能力、记忆能力、想象能力、学习能力、动手能力、创造性思维能力和组织协调能力；个性素质包括创新意识、竞争意识、责任感、好奇心和兴趣、求知欲望、耐心和毅力、自信心、胆魄和团队精神。智力因素是创新人才的基础因素，创新能力是智力的高级表现。非智力因素是创新能力的导向、催化和动力。创新能力不仅是一种智力特征，更是一种人格特征、一种精神特征，是智力因素和非智力因素的综合。高校创新型人才的素质要件构成如下。

1. 健康向上的人生价值取向

创新人才必须把创新潜能的开发、创新能力的提高并由此推动社会的发展与进步作为人生的最高价值目标，把创新精神、创新能力作为自身素质的最本质的体现，并以此作为人生价值的新境界、新追求，在创新与社会进步这一层面上找到并实现人生的意义。这是知识经济时代创新人才所具有的健康的人生价值取向最为本质的内涵。

2. 勇于挑战的创新精神

科学技术发展到今天，社会经济、文化、教育、生产经营等各个领域都已有较为成熟规范的理论体系，并积累了丰富的实践经验。要在前人的基础上，提出自己独特的见解，产生自己的新观点、新思维和新方法，必须有以现实为基础、勇于挑战的创新精神。

3. 充分的知识准备

知识经济时代的创新，需要充分的知识准备和知识体系的支持。知识经济就其本质来说，是创新型经济，创新是其灵魂，但知识经济是以知识的生产、知识的积聚、知识的分配、知识的应用尤其是知识的更新为基础。另外，完整的知识及知识体系构成了创意形成和创新活动的重要基础，在一定程度上也决定着人们创新能力的大小。

4. 科学的创新观念

创新是一种科学活动，不仅要遵循客观事物运动、变化、发展的内在规律，准确地认识、把握客观事物的本质及未来趋势，而且要充分认识和遵循创新过程的客观规律。对创新规律的认识，是随着人类创新活动的开展逐渐深化的，对创新规律的认识和把握程度，从根本上决定了人们创新行为的自觉程度、科学程度以及有效程度。

5. 厚实的人文底蕴与科学素养

创新必须得到社会科学的支持，使创新主体具备应有的人文与科学素养。厚实的人文底蕴与科学素养有利于创新主体在创新活动中形成独立的人格，有利于创新主体遵循科学道德，也有利于创新主体社会责任感与使命感的形成，继而保持人与人之间、人与社会之间、人与自然之间的和谐相处。

6. 理性的创新思维

创新是一种创造性思维的活动和过程。任何一项创新活动，首先表现为对客观事物本质及其发展变化规律的认识，并由此达到对未来趋势的准确把握，创新的同时必须遵循自身固有的规律即创新规律。这就决定了人们的创新活动必须遵循认知的规律尤其是思维的规律，使创新思维建立在科学的基础上。只有实现创新思维的科学化，才能使创新成为理性的过程，才能保证创新的科学化。

7. 良好的个性心理品质

创新不仅需要创新人才个性的张扬，而且需要非智力因素作用的充分发挥，需要良好的心理素质。非智力因素、心理素质是创新活动中重要的内在要素。在一定的知识基础及思维状态下，创新型人才素质的高低、创新能力的大小、创新活动的有效程度都取决于非智力因素作用的程度，以及心理品质的状态。

8. 创新成果的转化能力

有效的创新活动表现为现实的创业过程。只有使创新成为不间断的创业过程，才能实现民族振兴和社会的全面进步，才能赋予创新以现实意义并显现出无限的生命力。在知识经济时代，创业需要创新的支持，同时，创新需要创业精神的内化。由此，创新精神就转化为创业的精神，创新能力就表现为创业能力。

能力训练

开发独立创新能力

（一）完成“整修花坛”作业

阅读案例，回答问题。

有甲、乙两人整修街道两旁的花坛。由于两旁花坛数目相等，所以两人商定各整修一边。一大早，甲先出工整修路左边的花坛。当他整修完3个花坛时，乙也出工了。乙说右边花坛难整修，还是让他整修左边的花坛吧。于是甲又开始整修右边的花坛。当乙整修完路左边的花坛后，又帮助甲整修路右边的花坛。当乙又整修完路右边的6个花坛时，正好全部整修完毕。

甲、乙两人谁整修的花坛数量多？多整修了多少？

____

____

____

（二）分析吸水纸的发现

阅读故事，回答问题。

一名德国工人在生产一批纸时因为不小心弄错了配方，结果，生产出了大量不能书写的废纸。他被扣工资，罚奖金，最后遭到解雇。正当他灰心时，一位朋友让他将问题倒着看，看能否从错误中找出有用的东西来。于是他很快就发现这批废弃纸张吸水性相当好，他就把纸切成小块，取名刀切吸水纸，拿到市场上出售，结果相当抢手，因而也就有了现在的吸水纸。他运用了反向思维从错误中找正确，最后扭转了局面。

1. 以上案例对你有什么启发？

____

____

____

2. 打破常规思维的方法有哪些？

____

____

____

第三章　创业概述与创业思维

案例导入

陈欧，一位从斯坦福商学院毕业的年轻创业者，在2009年决定回国追寻自己的创业梦想。他的首次创业尝试是模仿在美国目睹的一家小游戏广告公司的成功模式。然而，很快他就遇到了困难。在美国，游戏广告的点击价格高昂，但在国内，这一市场却远未成熟，点击价格极低，这使得他的公司陷入了困境。

面对这样的挑战，陈欧展现出了出色的创业思维。他没有选择坚持原有的模式，而是及时转变方向，投身于当时正在兴起的团购市场，并将目光锁定在化妆品这一垂直领域。这一转变不仅拯救了他的公司，还为他带来了巨大的成功。团美网（后更名为聚美优品）的创立，让陈欧在化妆品团购领域崭露头角，最终实现了他的创业梦想。

（资料来源：https：//www. 163. com/dy/article/IPD0CMFL05561NWG. html，有改动）

学习目标

熟悉创业的内涵；
了解创业的类型、特点与创业要素；
熟悉互联网趋势下的创业思维。

第一节　创业概述

一、创业的内涵

（一）创业概念

创业分为狭义和广义的概念。狭义的创业又分为两种：一种是指创办企业，也是国际上普遍对创业的理解；另一种是指科技创新。广义的创业是指开创事业，包括创办企业、科技创新，也包括就业后取得一定成就。杰弗里·A. 蒂蒙斯提出："创业是一种思考、推理的行为方式，这种行为方式是机会驱动、注重方法和与领导相平衡。创业导致价值的产生、增加、实现和更新，不只是为所有者，也为所有的参与者和利益相关者。"创业是指创业者对自己拥有的资源或通过努力能够拥有的资源进行优化整合，发现和识别商业机会，成立活动组织，创造出产品，提供服务，从而创造出更大经济价值或社会价值的过程。创业是一种劳动方式，是一种需要创业者运营、组织及运用服务、技术、器物作业的思考、推理和判断的行为。

（二）创业的要素

创业的关键要素包括机会、团队和资源。创业机会是指可以利用的商业机会；创业团队是指创业初期，一群才能互补、责任共担、愿为共同的创业目标而奋斗的人所组成的特殊群体；创业资源是新创企业创业和运营的必要条件。这三者之间的关系特点如下。

1. 商业机会是创业过程中的重要驱动力

创业者或者创业团队是创业过程的主导者，资源是创业成功的必要保证。创业过程始于创业机会，而不是资金、战略、网络、团队或商业计划。开始创业时，商业机会比资金、团队的才干和能力及合适的资源更重要。在创业过程中，资源与商机之间经历着一个从适应到差距再到适应的动态过程。商业计划是使创业者、商机和资源三个要素相互匹配和平衡的规划。

2. 创业过程是商业机会、创业者、资源三个要素匹配和平衡的结果

创业者要善于配置和平衡，借此推进创业过程，包括对商机的理性分析和把握、对风险的认识和规避、对资源的合理利用和配置、对工作团队适应性的认识和分析。

3. 创业是一个连续不断地寻找平衡的行为组合

在这三个要素中绝对的平衡是不存在的，但创业过程要保持发展，必须追求一种动态的平衡。这期间，创业者必须思考的问题包括目前的团队是否能成就组织未来的成长、资源状况和下一阶段成功面临的陷阱。这些问题在不同阶段会以不同的形式出现，它牵涉组织的可持续发展。创业者必须在推进业务的过程中，在模糊和不确定的动态创业环境中培养捕捉商机、整合资源、构建战略和解决问题的能力。

（三）创业的特征

1. 机遇性

把握机会是创业成功的起点和前提。机遇是给那些对事业有信念、有追求和有渴望的人的，机遇面前人人平等，要善于抢抓机遇。

2. 创新性

创新是创业成功的关键，是竞争取胜的法宝。创业过程是一个不断创新的过程，创新型人才要有创新动机、创新意识和创新精神。创新贯穿于事物从无到有、从小到大、由旧变新、由弱变强的全过程，而新事物、新价值、新内容、新功能等是创新的本质含义。

3. 价值性

创业的目的是“实现经济价值和社会价值，提高和升华自我价值”。是否创造了价值是衡量创业成功与否的重要标志。

4. 曲折性

创业过程是一个曲折坎坷、充满风险的过程。创业者投入了大量人力、物力，往往要受到很多挫折，经过艰苦的努力，倾注大量的心血，也许获得成功，也许遭受失败。创业

者必须有充分的心理准备，鼓足勇气，不屈不挠，才能成为创业的成功者。

5. 风险性

创业存在风险，创业结果存在不确定性。创业虽然有成功的经验和有效方法可以借鉴，但是往往要在前人基础上努力创新。成功与失败是可以预期的创业结果，但它们的出现都不是必然的，受到创业过程中各种因素的影响，这些因素包括技术进步、市场变化、政策调整、财务结构以及机会主义行为等。所以，强化风险意识，仔细识别风险，尽早化解风险，是创业者在创业过程中最重要、最经常、最紧迫的任务。

知识拓展

每个人都是自己人生的创业者

“创业，从来都是少有人走的路。”这句话看似没有超出常识，但我在采访几十位青年创业者后，却对“常识”产生了不同想法。

提到创业，很多人第一感觉是各种意义上的“难”。2022年，中国青少年研究中心针对在职青年和大学生进行的“青年创业认知与态度”调查显示：一些青年创业“有想法没行动”的首要原因是“没有足够资金支持”。起步不易，坚持不易，圆满地走到最后更不易。可当我带着“创业很难”的预期，与各领域青年创业者交流时，似乎故事有了不一样的模样。

HICOOL 2022全球创业大赛二等奖获奖者刘尧给我留下了深刻印象。他和创始团队在2020年年中离开“大厂”。在我看来，这无疑是很冒险的决定。而在刘尧眼中，他们在行业里已有丰富的积累，团队不是在打无准备之仗。他们瞄准了隐私计算领域，随着相关政策文件出台，他们认为2020年就是入局的最好时机。

从芯片产业跨界到商业航天领域的青年创业者姚颂，从清华大学毕业后创立了自己的第一家公司，后来公司被收购，29岁的他开启了第二次创业。谈及此时与彼时的不同，姚颂说自己有了更多经验和资源，也不再是单纯追求技术理想，对创业有了更成熟的认知。这一次，他希望自己的事业能更多地回馈国家和社会。

还有很多类型的创业者，向大众展现了他们各自的梦想。比如，青年创业者解修胜在做大做强企业的同时，热心将自己得到的创业扶持渠道推荐给更多同路人；医生陶勇将自己治病救人的梦想变成了创业项目，在商业之外，他希望产学研结合的成果能惠及更多视障患者。也有人带着纯粹的热爱，将创业变成了自己的生活方式。

有两位前辈曾用两句话影响了我的人生。其中一位谈及对孔子和儒家思想的理解时说，要“在当下的境况里寻找最优解”。另一位是我的同行，他说“与其抱怨，不如改变”。我们不能无视生命里那些无力的时刻，但关怀始终存在。

在上述年轻人的创业道路上，国家和社会的关注与保护始终存在。各地的人才政策，以及资金、渠道、培训与推广上的“大礼包”，各种专业竞赛，都在为创业青年提供更好的环境，让他们扎下根，与各地的发展形成良性互动。

我在采访中接触到的很多人都是创业者群体里的佼佼者，这种视角可能天然带着“幸存者偏差”，他们也不愿向外界过多展示自己的困难。但有一种内在的精神力量，的确传到了我这样的旁观者身上。

当我经过路旁热气腾腾的早餐店，点开助农直播间，看到正在“激情”带货的新农人，看到“一带一路”沿线建设者用青春和汗水跨越山海，或许我们可以在更深层的意义上理解创业。我们绝大多数人并不会拥有一家属于自己的企业，但我们依然是当之无愧的奋斗者，亦是努力把握自己人生的创业者。

就业是最大的民生，助力青年就业是政府、社会持之以恒的努力方向。从本质上看，创业也是一种就业途径。不管处在哪一条赛道上，年轻人以“创业”的劲头拼一把，就没有迈不过的坎儿、闯不过的关。

有高峰，有低谷，这是事物发展的自然规律。我们怀着一份坚忍的期待，等待着春天的到来。我们无法回避前行道路上的荆棘，但在花开的那一刻，我们就会明白自己一路走来的意义。

第二节　创业思维

一、用户思维

用户，即使用者，在“互联网+”新时代中用户不同于客户，是“互联网+”的核心。客户，是为产品或者服务买单的人，是对产品或者服务形成服务请求和达成买卖关系的人或者实体。用户，则是使用产品或服务的人，直接和产品或服务产生交互。用户思维，是指在价值链各个环节都要用“以用户为中心”去思考问题，用户思维是互联网思维的核心，其他的互联网思维都是围绕着用户思维在不同层面展开。由于互联网时代开放、透明、公开、共享的特征消除了消费者与厂商之间的信息不对称，消费者掌握了新时代市场的主权。在经典营销模式“Who-What-How”中主要解决 3 个问题。Who：目标用户；What：用户需求；How：怎样实现。

1. Who—聚焦目标人群

从用户定位来看，我们必须从众多群众中找到并聚焦我们的目标用户，获取相应的有效数据，包括用户的地区、数量等。然后对获取的数据进行处理分析，得到用户定位结果。如果不同的产品面对不同的用户群体，那么不同的用户群体对产品的要求则会有所不同，如今的互联网时代更需要精准定位产品的目标用户，为目标人群提供相应的服务或者产品。面对当前的市场环境，很多行业、品类都需要重新定义目标用户，在新的细分市场中，聚焦目标用户。企业必须在新的细分市场当中，重新准确找到自己的目标用户，企业的目标用户越聚焦，才能越准确地找到目标用户；越是想为更多的人提供产品与服务，越不能引起目标用户的关注。

2. What—目标用户需要什么？——增强用户参与感

在聚焦了目标用户后，我们就需要找到用户需求，不仅是功能上的需求，更多的是情感上的诉求，必须清楚地洞悉用户到底想要什么，做到换位思考。然后根据用户的核心诉求打造可以满足大多数目标用户的品牌、产品。互联网时代的用户有更多的渠道去表达自己对于产品和服务的想法，他们希望得到更多的参与感，可以参与到产品或者服务的设计中去，并且能够通过这样的参与找到对产品及服务的认同。重视用户的参与感是很多互联网企业的重要发展模式，在互联网时代里，重视用户反馈甚至是将用户意见融入后期的产品和服务中都不再是新鲜事。例如，小米手机操作系统 MIUI 是首个实现每周升级的手机操作系统，它一改传统手机系统“闭门造车”的模式，完全以用户需求为导向。MIUI 团队的一大工作就是泡论坛，广泛收集论坛上粉丝的反馈来推动产品升级。

3. How—怎样满足用户需求？——提高用户体验

根据用户定位和品牌、产品规划，我们可以给目标用户打造他们专属的至尊体验。互联网是典型的体验式经济，其实就是重视用户感受，因此我们必须在与消费者沟通的每一个环节进行埋点，包括产品功能、售前咨询、售后服务、购买渠道等，从而获取目标用户的各方面信息。因此，从用户定位、品牌、产品规划和打造用户体验三点出发，我们可以全方面地了解我们的目标用户，获得全面精准的用户画像。在获取了全面精准的用户画像后，我们就需要实实在在地站在用户的角度思考，以用户为中心展开运营，做到用户体验至上、用户参与并互动、群众路线以及不断创新为用户服务。

经典案例

美团作为中国领先的本地生活服务平台，通过 O2O（Online to Offline）模式，成功连接了线上与线下的消费需求，为用户提供便捷的生活服务体验。在这个过程中，美团深入洞察用户需求，不断优化服务内容和方式，从而实现了业务的快速增长。

首先，美团通过市场调研和数据分析，深入了解了用户的消费习惯和偏好。他们发现，随着生活节奏的加快，越来越多的用户希望能够在手机上轻松预订各类生活服务，如餐饮、电影、酒店等。基于这一发现，美团积极开发移动应用程序，将各类服务整合到一个平台上，方便用户随时随地使用。

其次，美团不断优化服务体验，提升用户满意度。他们注重服务的细节，如提高预订的便捷性、优化支付流程、加强售后服务等。同时，美团还引入了用户评价和推荐机制，让用户能够分享自己的消费体验，帮助其他用户做出更好的选择。

此外，美团还积极与商家合作，共同提高服务质量。他们通过为商家提供营销支持和数据分析服务，帮助商家提高曝光率和销售额。同时，美团还推动了商家服务的标准化和规范化，提高了整个行业的服务水平。

（资料来源：https：//www. sohu. com/a/231487808_ 475918，有改动）

二、大数据思维

大数据是指无法在一定时间范围内用常规软件工具进行捕捉、管理和处理的数据集合，是需要新处理模式才能具有更强的决策力、洞察发现力和流程优化能力的海量、高增长率和多样化的信息资产。什么是大数据思维？大数据思维就是要能够充分理解数据的价值，并且知道如何利用大数据为企业经营决策提供依据，即通过数据处理创造商业价值。大数据思维的核心如下。

1. 一切皆可测

在现今的互联网时代，文字被量化成了一个一个字符；声音被量化成了数字音频；图像被量化成了各种格式的数字图片。在大数据时代，所有的一切都可以被量化，被数据化。淘宝、天猫、京东等形形色色的电商平台上琳琅满目的商品是数据化了的现实物品；美团、大众点评、聚划算等团购网站上各种各样的打折信息是数据化了的服务；微博、知乎是数据化了的思想和观点，转发是数据化了的传播；微信朋友圈是数据化了的人与人的关系；街旁等签到网站是数据化了的位置；而各种地图应用则是数据化的地理场景，线上是线下的数据化映射。数据化意味着事务在数据空间里极易操作，往往由此产生出伟大的创意和赚钱的行业。我们应该意识到，人和物的一切状态和行为都能量化、数据化，能够在数据空间中被操作。

智能手机被誉为人的新器官，它可能比你最亲近的人都要了解你的一切。马化腾曾经在 WE 大会上称："近两年，手机成为人的一个电子器官的延伸这个特征越来越明显，它有摄像头、感应器，而且通过互联网连在一起了。"现在的智能手机就是一个传感器的综合体，是一个强大的数据化终端。更进一步，当感知、计算和通信等能力植入每个物体，这就是我们现在所说的物联网，任何物品都链接在这个网络上，成为一个数据源，充斥着我们的生活。

2. 认知数据的价值

美国有一家创新企业 Decide. com，它可以帮助人们作购买决策，告诉消费者什么时候买什么产品，什么时候买最便宜，预测产品的价格趋势，这家公司背后的驱动力就是大数据。他们在全球各大网站上收集数以十亿条计的数据，然后帮助数以十万计的用户省钱，为他们的采购找到最好的时间，降低交易成本，为终端的消费者带去更多价值。在这类模式下，尽管一些零售商的利润会进一步受挤压，但从商业本质上来讲，可以把钱更多地放回到消费者的口袋里，让购物变得更理性。这是依靠大数据催生出的一项全新产业。

大数据的真正价值在于创造，在于填补无数个还未实现过的空白。有人把数据比喻为蕴藏能量的煤矿，煤炭按照性质有焦煤、无烟煤、肥煤、贫煤等分类，而露天煤矿、深山煤矿的挖掘成本又不一样。与此类似，大数据并不在于"大"，而在于"有用"，价值含量、挖掘成本比数量更为重要，基于大数据形成决策的模式已经为不少企业带来了盈利和声誉。

经典案例

Netflix 的个性化推荐革命

在数字化时代的浪潮中，大数据的应用和创新已经深入各行各业，为企业带来了巨大的商业价值和社会影响力。其中，Netflix 作为一个典型的案例，展示了大数据如何彻底改变一个行业的运作方式，为用户带来前所未有的体验。

Netflix，这家全球知名的流媒体服务商，早期以邮寄DVD的方式为用户提供电影租赁服务。然而，随着互联网的普及和流媒体技术的成熟，Netflix迅速转型，成为一家提供在线视频流服务的公司。在这个过程中，大数据的应用和创新起到了至关重要的作用。

在转型初期，Netflix面临着巨大的挑战。如何为用户提供更加个性化、精准的内容推荐，成为Netflix亟待解决的问题。传统的推荐方式往往基于人工编辑的推荐或者简单的热门排行榜，这种方式不仅效率低下，而且难以满足用户的个性化需求。

为了解决这个问题，Netflix开始尝试利用大数据技术进行内容推荐的创新。他们收集了大量用户的观看历史、评分行为、搜索记录等数据，并通过复杂的算法对这些数据进行分析和挖掘。通过这些数据，Netflix能够了解每个用户的喜好和偏好，进而为他们推荐符合其口味的影片。

这种基于大数据的个性化推荐系统，不仅提高了用户的观影体验，也增加了用户对Netflix平台的黏性。用户不再需要花费大量时间在海量的内容中搜索自己感兴趣的内容，而是可以直接获得Netflix为他们精心挑选的推荐。这种智能化的推荐方式，使Netflix的用户满意度和活跃度都得到了显著的提升。

此外，大数据的应用还为Netflix带来了更多的商业机会。通过分析用户的观看习惯和喜好，Netflix能够更好地了解市场的需求和趋势，进而为内容创作者提供有价值的反馈和建议。这使得Netflix能够与制片方、导演等合作伙伴更加紧密地合作，共同打造出更多受用户欢迎的优质内容。

Netflix的个性化推荐系统不仅改变了用户的观影方式，也推动了整个流媒体行业的发展。越来越多的企业意识到大数据在业务创新中的重要作用，纷纷开始尝试利用大数据进行产品优化和服务创新。

总的来说，Netflix通过大数据的应用和创新，成功地实现了从传统的DVD租赁商到领先的流媒体服务商的转型。

（资料来源：https：//www.jiemian.com/article/2655571.html，有改动）

三、平台思维

1. 平台思维概述

平台通常引申为供人们展现才能的舞台或指进行某项工作所需要的环境或条件。在互联网时代，平台是指在平等的基础上，由多主体共建的、资源共享的、能够实现共赢的、开放的一种商业生态系统。平台内容越丰富，使用者感受到的价值越高；平台内容越丰富，平台本身的话语权越大。平台思维是商业模式、组织模式的理解，互联网的平台思维就是开放、共享、共赢的思维。打造多方共赢生态圈，不具备这种能力的要善于利用现有生态圈，让企业成为员工的平台，企业内部打造“平台型组织”。

2. 平台思维分类

平台思维是指按照“共建、共享、共赢、平等、开放”等原则，把企业打造成一个整合内、外部资源的平台，包括员工创客化、企业平台化。

（1）员工创客化

员工创客化是指把企业打造成内部员工的创业平台。张瑞敏认为，“用户越来越个性化的互联网时代，企业必须把组织打造成员工创业平台，才能真正激发员工活力，更好地为用户服务”。

（2）企业平台化

企业平台化是指把企业打造成一个交易平台，汇聚大量卖家和买家在平台上自行交易，为交易方便进而汇聚更多的第三方、政府等机构等，构成一个生态系统。构建平台，企业无须拓展自身的生产能力，平台将迅速吸收社会资源，让海量用户与商家以自组织形式交易，能够大幅度降低企业的协作成本，创造出一个大规模、灵活的商业生态系统。

四、简约思维

简约思维，即企业在产品规划和品牌定位上，要力求专注、简单，在产品设计上，要力求简洁、简约。随着互联网时代的信息爆炸，消费者的选择太多，而选择时间又太短。为此，企业该如何在短时间内抓住消费者的心，才能从互联网的竞争中脱颖而出呢？了解人类的本性对于确保顾客满意是至关重要的。从低等的阿米巴变形虫开始，每一种生物体天生都倾向于寻找所有问题的最简单解决方法，寻找从一点到另一点的最简单途径。在互联网发展初期，很多产品设计都在思考如何设计一个最为全面的产品、包罗所有的功能。但是随着互联网的发展，我们发现用户对简单界面的交互性最强，简单可以带来较高的用户黏性。百度的页面设计正是很好地诠释了简约思维，他们的页面上只有搜索词条输入框，简单明确地突出了网页的主要功能，增加了用户对于搜索引擎的使用。

经典案例

戴森 V15 吸尘器的设计

戴森，作为一家以科技创新著称的公司，一直致力于打造简洁而高效的产品。其 V15 吸尘器正是这一理念的完美体现。

在设计 V15 吸尘器时，戴森的团队并没有追求过多的附加功能，而是专注于吸尘这一核心任务。他们通过深入研究用户需求和痛点，发现市场上的吸尘器往往存在吸力不够、清洁不彻底等问题。于是，他们运用简约思维，将产品设计的重点放在了提升吸力和清洁效果上。

为了实现这一目标，戴森团队采用先进的科技和材料，打造出了具有强大吸力和高效清洁头的 V15 吸尘器。这款吸尘器不仅外观简洁大方，而且使用起来非常方便。它的智能传感器能够自动检测地面的脏污程度，并自动调整吸力大小，确保清洁效果达到最佳。

此外，戴森 V15 吸尘器还注重用户体验的简约性。它操作简单，噪声低，而且续航能力出色，让用户在使用过程中无须担心电量问题。这种简约而高效的设计使得 V15 吸尘器在市场上脱颖而出，受到了广大消费者的喜爱。

（资料来源：https：//new. qq. com/rain/a/20220526A06KKI00，有改动）

能力训练

（一）选择创业生涯路径

对于创业的大学生来说，需要在对创业的主客观条件进行测定、分析、总结研究的基础上，确定最佳的创业目标，选择创业生涯路径，为自己定下创业大计。不同的选择存在不同的利弊，也会不同程度地影响创业生涯。创业生涯路径主要有四种：在校生选择创业可以充分利用高校的创业平台和资源；选择升学可以为创业积累更多的知识、能力与人脉资源；选择国外留学可以更好地激发创业意识，提升创业素质；选择先就业再创业可以更多地积累社会经验与创业资本。

你的创业生涯路径：________________________________

（二）认知创业

全面认知创业，了解创业对人生发展的价值和意义。熟悉创业环境，了解创业现状和创业政策，具体分析自身的创业动机和创业价值观。

创业对你的人生发展的价值和意义：

____

____

____

你的创业动机：

____

____

____

你的创业价值观：

____

____

____

（三）自我定位

加强对自身的认识和了解，找出自己感兴趣的领域，确定自己创业的优势所在，明确切入创业的起点及辅助支持、后续支援的方式，其中最重要的是明确自我人生目标，即自我人生定位。

自我创业的优势：

____

____

____

自我创业的不足：

____

____

____

自我定位：

____

____

____

（四）分析创业环境

评估各种环境因素对自己创业生涯发展的影响，要分析环境的特点、环境的发展变化情况、自己在这个环境中的地位、环境对创业者提出的要求以及环境对创业者的有利条件和不利因素等。

创业环境有利因素分析：______________________________

创业环境不利因素分析：______________________________

（五）决策创业生涯

通过自我分析和环境分析，明确自己该选择什么样的创业方向，这是个人创业生涯规划的核心。

你的创业方向：______________________________

你的创业规划：______________________________

第四章　创业者与创业团队

案例导入

谢应波，一名来自农村的“80后”青年，曾经参加学校的勤工助学，也在创业计划大赛中锻炼过自己。当他得知上海市推出了大学生科技创业基金，鼓励和支持青年创新创业时，他看到了机会，并想到了与他一同参赛的其他同学。于是，这6名志同道合的青年一拍即合，组成了一支创业小团队，立志“产业报国”，坚持自主开发新品和自创民族品牌。

他们的创业之路并非一帆风顺。起初，他们面临资金短缺的问题。为了筹集启动资金，他们向所有亲朋好友东拼西凑借来了10万元，再加上上海市大学生科技创业基金会提供的20万元公益资助，才勉强凑足了初期的资金。他们租了一间最便宜的实验室，全身心地投入科研中。

然而，资金问题只是他们面临的挑战之一。科技创业研发投入大、周期长，贷款和融资成了他们最大的难题。在2009年年初，他们为了第一笔贷款，跑了十几家银行，但都因为制度限制而被拒绝。这让他们深感创业之路的艰辛。

然而，他们并没有放弃。他们凭借对技术的执着和对市场的敏锐洞察，不断优化产品，积极寻找合作伙伴和投资人。最终，他们的努力得到了回报。他们的产品逐渐在市场上获得了认可，销量稳步上升，团队也逐渐壮大。

在这个过程中，谢应波和他的团队展现出了坚韧不拔的创业精神。他们不畏艰难，敢于挑战，始终坚持自己的信念和目标。他们的故事告诉我们，创业并非易事，但只要有坚定的信念、执着的追求和不懈的努力，就一定能够克服困难，实现自己的梦想。

（资料来源：刘霞，宋卫．大学生创新创业基础与实践［M］．北京：人民邮电出版社，2021.）

学习目标

了解创业者及其特征；

熟悉创业团队的类型；

掌握创业团队的组建与管理。

第一节 创业者

一、创业者的概念

创业者这一词来源于法语，表示某个新企业的风险承担者。因此，早期的创业者也被视为风险承担的承包商。

创业有广义和狭义之分，所以创业者也有广义和狭义之别。广义的创业者是指在各种不同领域和行业内创造性地工作并取得业绩的人。因此，广义的创业者不仅是企业家，也可能是工程师、医生、教师、公务员、环卫工以及在非营利组织工作的人员。狭义的创业者被定义为组织、管理一个生意或企业并承担其风险的人。狭义的创业者有两层基本含义：一是指企业家，即我们日常理解的在一个成熟的企业中负责经营和决策的领导者，准确地说是指那些具有诸如创新、承担风险、超前行动、积极参与竞争等创业特征的领导者；二是指企业创办人，即我们平时所说的即将创办新企业或者刚刚创办新企业的领导者。本书所说的创业者，指的是狭义的创业者。在这里需要特别强调的是，企业创办人是创业者，企业家在本质上也是创业者。企业家通常是指那些在现有企业中具有创新精神和创业行为的领袖型人物。但在特定的研究环境下，创业者指新创企业或新业务的发动者。

经典案例

王宪朋15岁即出门打工，在工地做过泥瓦匠，下矿井铲过煤，去采石场锤过石头，到养鸭场孵化车间当过工人，直至后来与家具行业结下不解之缘，在南京创办自己的公司。因为勤奋、实诚、热情，王宪朋不仅赢得了南京商界的认同，更得到了河南籍商人的认可，在而立之年被推举为南京豫商商会会长。

1. “两亩绿豆账”让他发誓走出农村

忙活20多天摘的两亩地的绿豆，只能卖100多块钱，农村艰辛的生活让家境贫寒的王宪朋下定决心外出打工。

豫南商会会长袁学忠曾经说过，改革开放之初，不少信阳人南下打工，使得信阳民风由保守顾家转变为闯荡天涯。对于南京伟豪家具有限公司董事长王宪朋而言，外出打工的动力是农村生活太苦。

王宪朋出生于信阳市现在的信阳市平桥区湖甸乡，在家中排行老五，也是家里最小的孩子。虽然如此，但他并没有受到娇惯，从小就帮家里做农活，因为王家并不富裕，加上孩子较多，日子过得捉襟见肘。

有一年秋天，正在上初中的王宪朋每天下午放学都要跑到自家地里摘绿豆。两亩地的绿豆每天都会有很多成熟的黑荚，他的任务就是将这些黑荚摘收，这些黑荚只能早晚间才能摘。如果摘得晚了，黑荚裂开后，绿豆就会掉在地上；摘得早了，绿豆还不成熟。

这项看似轻松，实则无聊而且辛苦的农活，王宪朋忙活了 20 多天。等绿豆脱荚装进袋子，王宪朋问父亲，这两亩地的绿豆能卖多少钱？父亲说，也就是 100 多块钱。他听过之后，越来越不想在农村过这种劳累而艰苦的生活。

这时候，王宪朋的不少邻居和亲戚都南下深圳或者北上郑州打工，每个月都能往家里寄一二百块钱。看到这些，这个懵懂的少年开始对外边的花花世界充满向往。

因为交不起学费，初中毕业后王宪朋就辍学在家。他个子不高，干农活也不在行。1992 年，他和父母商量之后决定与亲戚、老乡一同外出打工。因为是家里的“老小”，父母对他并没有太高期待，“哪怕不给家里一分钱，也要把自己照顾好”。

2. 从泥瓦匠、铲煤工、采石工到“鸭司令”

打工生涯并非一帆风顺，从泥瓦匠、铲煤工、采石工再到养鸭场孵化车间的工人，王宪朋知道了什么叫作“劳其筋骨”。

王宪朋和老乡来到郑州的一家工地，还不到 16 岁的他成了一名泥瓦匠，每天的工作就是搅拌水泥，拎混凝土。因为年纪小，刚开始干这活儿时王宪朋累得龇牙咧嘴，不过，他还是觉得有一丝安慰，毕竟工地的工资比在农村干农活的收入高多了。

干了 4 个多月，王宪朋和几个老乡听说到新密煤矿挖煤收入高，就离开了工地。1993 年年初，王宪朋到新密一家煤矿做了一名铲煤工，当时商定的工资是一个月 1020 元。

每天在井下工作 8 小时，等从井下上来的时候，大家都成了“黑人”，鼻子、耳朵里都是黑乎乎的煤灰，更分不清谁是谁了，出了井，大家得赶快洗澡。不过，无论是洗澡，还是洗头，他们只用洗衣粉，一是洗衣粉便宜，二是煤灰也只有洗衣粉才能洗干净。

不过，即使如此，王宪朋也觉得比在农村强些，他家一年的收入不过两三千元，他干两三个月就挣回来了。

可是，煤矿主并没有兑现约定的工资，干了六七个月，王宪朋才拿到 2000 多元，如果算上已经扣掉的伙食费，每个月只有 400 多元。他最终还是选择离开。

离开煤矿，王宪朋回到家中，帮忙完成秋收后又和二十几个老乡一起南下深圳。“当时最大的理想就是进玩具厂当工人，每个月有固定的工资。”王宪朋说起当时的想法。

不过，到了深圳之后，他发现找到一份工作并不容易。找不到工作的王宪朋只好去找一位在采石场开车的老乡，在采石场做起了采石工。“有人点炮炸山，炸开之后，我就拿把锤子，把大石头敲碎，然后搬上车。”王宪朋说，那时候每车石头能挣 5 块钱。

这是一份危险而且劳动强度很大的苦力活。王宪朋每天都会受伤，敲石头时崩起的石块像刀片一样锋利，他的手经常是血淋淋的，新买的手套不到一个小时就磨破了。“还好，没有伤筋动骨，都是一些皮外伤。”王宪朋说。

在采石场工作的 6 个月，是王宪朋感觉最累的一段时间，不过，每个月能挣三四百块钱。拿到钱时，虽然手背上的血还在往外渗，钻心地疼，不过，王宪朋还是沉浸在“收获”的喜悦之中。

采石场的工作毕竟太辛苦，当一份养鸭场的工作摆在王宪朋的面前时，他毫不犹豫地跑到孵化车间当起了工人。

孵化车间里，王宪朋主要负责从鸭蛋中挑出死蛋，同时，在孵化床上为那些即将出世的“小鸭”翻身。虽然活儿不重，但是每天要有10多个小时守在车间，死蛋不挑出，遇到高温就会爆裂，“小鸭”不翻身，可能就会被烤死。“就是太耗时间了，几乎是封闭式地待在养鸭场。”王宪朋说，干了9个月，他几乎没有出过养鸭场的门，这一点让他无法忍受，于是又决定离开。

3. 结缘家具行业，埋下创业种子

从进家具厂做杂活到被派往杭州卖场做销售，王宪朋的勤奋、认真让老板对他刮目相看。随着对行业的日渐熟悉，他萌生了创业的念头。

当时，一个在汕头工厂里打工的老乡告诉王宪朋，汕头工厂容易进人，他便离开深圳奔赴汕头。当时进的是一家家具厂，刚到的时候，王宪朋的工作就是做杂活，搬木材、打孔，过了一个多月，心灵手巧的他已经能够组装一些简易的家具了。

那时候，每个月工资只有180元，工厂里管吃管住。王宪朋觉得非常满足，对待工作也很勤奋、认真。当时工厂的效益非常好，销售业绩也不错。老板决定在杭州新开的家具大卖场中租赁摊位，派一个经理和一个工人负责杭州卖场的运营。

这个工人就是王宪朋，在工厂学习了5个月，他已经能够熟练组装和维修公司所有型号的家具，老板对他非常器重。到了杭州之后，王宪朋不但要负责搬运、组装、配送家具，而且要为经理洗衣做饭。尽管如此，他还是觉得很满足，因为他每个月已经能挣800多元了。

杭州卖场的生意非常红火，经理将工作基本上都压给了王宪朋。尽管辛苦，王宪朋还是很高兴，因为他开始接触销售、售后等一系列工作，在家具行业学习了不少东西。其间，家具厂老板有几次突然查访杭州卖场，王宪朋的勤奋、认真让老板对他刮目相看。于是，家具厂在杭州第二家卖场开业的时候，王宪朋便成了新卖场的销售经理。王宪朋在杭州一共待了两年，这两年里，他对家具销售的整个流程熟稔于心，也在心里埋下了自己创业的种子。

4. 创业遇挫，坚持+努力+再坚持=成功

首次创业便被物流公司“黑了”，但王宪朋并没有放弃，如今他建立了自己的“家具王国”，年纪轻轻便成为南京豫商商会会长。

1997年6月，老板决定在南京开设一个新的卖场，王宪朋主动请缨，被派到南京担任分公司总经理助理。虽然这是一个管理岗位，但勤快的王宪朋还是闲不住，搬运、组装、配送等什么工作都干。

不过，1998年年初，汕头总公司的股东之间产生了一些分歧，股东分家，南京公司要被撤掉，总公司决定将王宪朋调回汕头。不过，王宪朋已经喜欢上了南京，而且觉得刚刚打开南京市场，应该大有可为。

从在杭州做销售算起，3年时间，王宪朋连工资带提成，已经攒下了十几万元。这个信阳小伙难以按捺创业的冲动，于是，他离开了工作数年的汕头总公司，自己在南京的家具商场找摊位，决定创业。

在一家商场，王宪朋选好摊位，并交了 1 万多元的租金。摊位租好之后，他就南下广东预订市场上热销的家具，然后委托广州的一家物流公司将家具运往南京。

然而，年仅 21 岁的王宪朋显然没有考虑到其中的风险，当他踌躇满志地等待家具运抵南京时，那家物流公司的司机却拉着价值 12 万元的家具神秘消失了。

王宪朋得知这个坏消息后万念俱灰，十几万元如果带回信阳老家，不但能盖座小洋楼，娶个媳妇，还能过上不错的日子，可是这次打击让“一切又回到了原点”，王宪朋差点崩溃。

不过，这个要强的信阳小伙还是挺了过来，采取与别人合作经营的方式，再次开始积累创业的资本。到了 2000 年，他靠自己的勤奋、认真以及对南京家具市场的了解，手中又积攒了十几万元。

这一次，经历过打击的王宪朋非常小心，他租了卖场，成立了南京伟豪家具有限公司。因为销售业绩不错，2001 年，王宪朋又投资开办了一个小型的家具加工厂，还代理一些其他品牌。

公司成立之后，发展得非常顺利，王宪朋的苦心经营终于得到了回报，公司的业绩每年翻番，2021 年公司销售额已经达到 5000 多万元。

凭借了勤奋、实诚、热情，王宪朋不仅成为一名成功的商人，还得到了南京商界的认同，尤其是河南籍商人的认可，在他 30 岁的时候，便被推举为南京豫商商会会长。

（资料来源：https：//wenku. baidu. com/view/07e845c45a1b6bd97f192279168884868762b881，有改动）

二、创业者的特征

美国百森商学院的杰弗里·蒂蒙斯教授从态度和行为的角度，归纳出成功创业者的 6 个特质。

（一）责任承诺和决心

责任承诺和决心有助于创业者成功。只有坚定必胜的信念，才能战胜别人认为不可逾越的困难，最终取得创业成功。

（二）领导力

成功创业者是富有耐心的领导者，能够勾勒出组织远景，根据长远目标进行管理。他们无须行使正式权力，既能协调好企业内部员工的利益，又能处理好与顾客、供应商、债权人、合伙人等利益相关者的关系，共同分享财富和成功。

（三）机遇导向

关注企业发展的成功创业者，往往看重的是机遇而不是公司的资源、结构或战略。他们把机遇作为支点，通过对机遇的把握来规划企业的发展方向。在寻求机遇时目标明确，设定高且可企及的目标，从而集中精力瞄准机遇，并知道何时应该把握机会、何时应该拒绝机会，其目标导向还帮助他们分清轻重缓急以及评价他们的表现。成功创业者通常是细心和善于分析的人，他们认真计划将要做什么，然后按计划行事。

（四）容忍风险和不确定性

经济活动的本质在于以现有的资源，实现对未来的期望，这就意味着风险和不确定性。刚刚起步的创业者常常会遭遇诸多风险和不确定性成本，这种挫折和意外是不可避免的，然而，成功的创业者不是赌徒，不是“专注于风险”，而是“专注于机遇”。他们将资源从生产力和产出较低的领域转移到生产力和产出较高的领域。虽然这其中必然存在着失败的风险，但是即使他们只获得勉强的成功，其回报也足以抵消在这一过程中可能遇到的风险。事实上，当创业机遇已经存在的时候，再没有比放弃创业行动更有风险的事情了。

（五）容忍失败

创业者懂得从失败中吸取教训。俗话说，成功的背后包含着许多失败。要成为成功的创业者注定要经历许多挫折和失败，输不起的人往往就是赢不了的人。俗话说，错比空好。只为错过的遗憾，不为做过的后悔。害怕失败的人常常会失去在挫折和失望中获得试错性学习的机会。

（六）追求成功

成功的创业者更多的是准备和期望而不是碰运气。创业者属于自我驱动型的高成就需求者，他们有一股强大的欲望去竞争，不断超越自己设定的目标，去追求有挑战性的目标。他们倾向于承担适中的风险，善于研究各种变化的环境趋势，认真盘算成功的概率，然后才采取行动。因此，别人看来是高风险的投资决策，在他们眼里往往只有中、低风险。

三、创业者的素质

英国著名作家萧伯纳说：“创业和罗曼史一样，傻瓜都可以试试，但要取得成功，则需要一定的才气。”可以说，并不是每个有创业激情的人都可以成功创业，其根本原因在于创业者自身是否已经具备了一个创业者应该具有的素质和条件。一定程度上说，创业者的自身素质条件决定了创业者的创业活动性质和经营范围，也决定了创业者最终能否获得成功。

（一）创业者的身体素质

身体素质，顾名思义，就是一个人的身体体能和健康水平。俗话说“身体是革命的本钱”，做任何事情都需要有个好身体，创业尤其如此。因为创业所涉及的事务是非常复杂的，特别是在创业初期，要涉及大量的业务内容，在工作队伍还没有完全组建起来的时候，很多工作都必须创业者亲力亲为，这就需要创业者有良好的身体素质。如果没有一个好身体，很可能折腾几下就累倒了、压垮了，创业也就无从谈起了。

（二）创业者的心理素质

创业心理是创业过程中对心理和行为起调节作用的个性主观反应。从心理学角度分析，可以将创业心理分解为认知性创业心理和非认知性创业心理。认知性创业心理包括感知、记忆、思维、想象等，它为创业活动提供智力支持；非认知性创业心理包括动机、情感、意志、性格等，它为创业活动提供精神动力。创业者的心理素质对创业活动有非常重要的影响。从某种程度上来说，创业本质上是人们心理素质的较量，创业的成功在很大程度上取决于创业者的心理素质。

第二节　创业团队

一、创业团队的概念

创业团队是高潜力企业的关键要素，是创业者创业成功的必要条件。大量创业案例证明，如果一个企业没有一支由两个以上关键贡献者组成的团队，是很难成长的。著名风险投资家约翰·多尔说："在当今世界，有的是技术、创业者、资金和风险资本，真正缺少的是优秀的管理团队。你所面临的最大挑战就是建立一支杰出的团队。"所谓创业团队是指少数创业者为了实现创业目标而组成的共同体。

（一）创业团队是个共同体

这个共同体是由技能互补、性格互补、能力互补的创业者组成，这些创业者相互熟悉、各有所长、相互补充、彼此信任、志同道合。这个共同体成员不能太多，太多会降低团队运营效率和决策效率，还容易产生小团体；共同体成员也不宜过少，过少则无法发挥优势互补的协同效益，团队应有的功能和优势也无法实现。

（二）创业团队有共同的创业梦想

有明确的创业目标，共享创业受益，共担创业风险，在创业目标的指引下，团队成员求同存异、凝心聚力、团结一致、相互协作、共同担当、一起奋斗。

（三）遵守一定的规则和程序

创业团队必须能遵守一定的规则和程序，根据规则明确各自承担的责任、行使的权利和履行的义务。

（四）创业团队必须有一个核心

这个核心就是要把握未来发展方向，做正确的事情，敢于最后作出决策，承担主要责任。

二、创业团队的类型

根据不同的划分标准，创业团队可以划分为不同类型。目前比较普遍的创业团队分类方法是根据团队成员之间地位的差距大小分为星状创业团队、网状创业团队和虚拟星状创业团队。

（一）星状创业团队

星状创业团队是由核心主导的创业团队，在创业团队中有一个核心人物充当领导角色。星状创业团队在形成之前，一般是核心人员有了好的创业想法，发现了市场机会，进行了深入思考和系统谋划，并根据自己的计划和想法选择相应的人员加入团队，所选择的人员也许是同学、同乡、朋友、亲人等比较熟悉的人员，也许是根据选择标准以任务为导向，公开招聘的不熟悉的人员，这些人员一般充当配角或支持者角色。

星状创业团队具有明显的优缺点。优点是团队稳定性好，组织结构严密，向心力和凝聚力强；决策程序相对简单，决策效率高。缺点是权力过于集中，增加决策风险；其他团队成员行使权力小，承担责任少，积极性主动性较差；其他团队人员与核心主导成员发生矛盾冲突时，处于被动地位，如果冲突严重，矛盾难以调和时，其他团队成员一般会选择退出团队，给团队带来负面影响。

（二）网状创业团队

网状创业团队中没有明确的核心人物，团队成员在创业前一般有比较密切的关系，如亲戚、朋友、同乡、同学等。他们在交往过程中，共同认可某一创业想法和创意，达成共识，开始共同创业。创业团队组成时，大家根据自己的特点自发进行角色定位，没有明确的核心人物。

网状创业团队特点也很明显，团队没有明确的核心人物，整体结构比较松散；团队实行集体决策，任何决策都经过大量沟通和讨论，决策效率比较低；团队成员在团队中地位相似，容易形成多头领导；团队成员发生冲突时，一般通过平等协商，但冲突升级容易导致团队解散。

（三）虚拟星状创业团队

虚拟星状团队是由网状团队演变而来，介于星状创业团队和网状创业团队之间。团队中有一个核心成员，但这个核心成员是团队成员协商的结果。因此，团队核心人员更多的是扮演团队代言人的角色，主要发挥沟通联络作用，而不是主导型人物，他在团队中不像星状团队那样有权威，其在团队中的行为必须充分考虑其他团队成员的意见。这个核心人员如果沟通协调能力强，就可以集中团队成员智慧，共同决策，提高团队的战斗力；如果核心人员沟通协调能力弱，就容易使团队涣散，效率低下，甚至导致团队成员冲突加剧。

以上三种创业团队不能说哪种创业团队类型好，或者哪种创业团队类型不好，没有最好的创业团队类型，只有最适合的创业团队类型。

第三节　创业团队的组建与管理

一、组建创业团队的程序

（一）团队组建的原则

1. 合伙人原则

一般企业都是招员工，而员工都是在做“工作”。但创业团队需要招的是“合伙人”，因为合伙人做的是事业，一个人只有把工作当作事业才有成功的可能，一个企业只有把员工当作“合伙人”才有机会迅速成长，所以，创业团队要先解决价值分配障碍，然后去找自己的“合伙人”。

2. 激情原则

激情是衡量一个人是否能够成功的标准。创业团队一定要选择对项目有高度热情的人加入，并且使所有人在企业创业初期就要有每天长时间工作的准备。任何人，不管其有无专业水平，如果对事业的信心不足都将无法适应创业的需求，而这种消极因素，对创业团队所有成员产生的负面影响可能是致命的。创业初期整个团队可能需要每天 16 个小时在不停地工作，并要求在高负荷的压力下仍能保持创业的激情

3. 团队原则

团队是企业凝聚力的基础，成败是整体而非个人，成员能够同甘共苦、经营成果能够公开且合理地分享，团队就会形成坚强的凝聚力与一体感。团队中没有个人英雄主义，每一位成员的价值表现为其对于团队整体价值的贡献。每一位成员都应将团队利益置于个人利益之上，个人利益是建立在团队利益基础上的，因此成员必须愿意牺牲短期利益来换取长期的成功果实，而不计较短期薪资、福利、津贴等，将利益分享放在成功后。这样的团队是不可能不成功的。

4. 互补原则

创业者寻找团队成员，首先要弥补当前资源能力上的不足，然后要针对创业目标与当前能力的差距，寻找所需要的配套成员。好的创业团队，成员间的能力通常都能形成良好的互补，而这种能力互补也会有助于强化团队成员间彼此的合作。此外，调节、融合创业团队还要注意个人的性格与看问题的角度，团队里必须有总能提出建设性意见和不断地发现团队问题的成员，一个都喜欢说好话的组织绝对不可能成为一支优秀的团队。

（二）创业团队组建的程序

1. 明确创业目标

创业目标是创业者在创业过程中努力争取达到的预期结果。创业目标的内容包含 3 个层次：一是选择创业方向；二是确定创业方法；三是确定创业目标，明确创业达到的预期结果。当总的目标确定后，要将总目标加以分解，进而设定可行的阶段目标。

2. 制订创业计划

确定了总体和阶段性目标后，紧接着需要研究如何实现这些目标，也就是要制订切实可行的计划。创业计划是在对创业目标进行具体分解的基础上，以团队为整体来考虑的计划。创业计划确定了在不同的创业阶段需要完成的阶段性任务。

3. 招募合适的人员

团队成员能力的总和决定了创业团队的整体能力和今后的发展。一般而言，创业团队至少需要管理、技术和营销三个方面的人才。只有这三个方面的人才形成良好的沟通和合作关系后，创业团队才能实现稳定和高效，进而不断发展。

4. 职权划分

根据执行创业计划的需要，需要确定每个团队成员所要担负的职责及相应的权限。职

权划分必须明确，既要避免重叠和交叉，也要避免疏漏，同时还要根据团队成员的变动，动态地对职权体系进行调整。

5. 构建创业团队制度体系

制度是对创业团队成员进行约束和激励的基础。建立合理的制度体系，一方面，要约束团队成员的行为，保证团队的稳定；另一方面，应该用有效的激励机制充分调动成员的积极性，最大限度地实现企业目标。

6. 团队的调整融合

高效的创业团队并不是创业之初就能建立，而是随着团队的运作，不断对暴露出的人员匹配、职权划分、制度设计等方面的不合理状况进行调整融合才逐渐形成的。团队的调整融合是一个动态持续的过程，在进行调整融合的过程中，要保证团队成员之间经常进行有效的沟通和协调，培养团队精神。

二、团队组建的重要因素分析

经典案例

中国女排是一支享有盛誉的体育队伍，她们以出色的技术、顽强的拼搏精神和团队合作精神赢得了全球的关注。然而，她们的辉煌并不是一蹴而就的，而是由每一个队员的辛勤付出和无私奉献共同铸就的。

在中国女排的历史中，有许多个体球员通过自身的努力和才华，为队伍的整体实力作出了巨大贡献。她们在训练中刻苦钻研技术，不断挑战自我，提高自己的能力水平。在比赛中，她们充分发挥自己的特长，为队伍争取每一个得分机会。同时，她们也深知团队合作的重要性，与队友们紧密配合，共同应对对手的挑战。

正是因为这些个体球员的出色表现，中国女排才能在国际赛场上屡创佳绩，成为一支具有强大竞争力的队伍。她们的胜利不仅是个人的荣耀，更是整个团队的荣誉。

这个故事告诉我们，一个强大的整体是由无数个优秀的个体共同组建而成的。只有每个个体都发挥出自己的最大潜力，并与他人紧密合作，才能创造出更加辉煌的成果。

（资料来源：http：//ent. people. com. cn/n1/2021/1116/c1012－32283753. html，有改动）

（一）组建团队的因素

创业团队的组建受多种因素的影响，这些因素相互作用，共同影响着组建过程，并进一步影响着团队建成后的运行效率。

1. 创业者

创业者的能力和思想意识从根本上决定了是否要组建创业团队及团队组建的时间表，以及由哪些人组成团队。创业者只有在意识到组建团队可以弥补自身能力与创业目标之间存在的差距，才有可能考虑是否需要组建创业团队以及对什么时候需要引进什么样的人员才能和自己形成互补作出准确判断。

2. 商机

不同类型的商机需要不同类型的创业团队。创业者应根据创业者与商机间的匹配程度，决定是否要组建团队及何时、如何组建团队。

3. 团队目标与价值观

共同的价值观、统一的目标是组建创业团队的前提，团队成员若不认可团队目标，就不可能全心全意为此目标的实现与其他团队成员相互合作、共同奋斗。而不同的价值观将直接导致团队成员在创业过程中脱离团队，进而削弱创业团队作用的发挥。没有一致的目标和共同的价值观，创业团队即使组建起来，也无法有效地发挥协同作用，缺乏战斗力。

4. 团队成员

团队成员的能力总和决定了创业团队整体能力和发展潜力。创业团队成员的才能互补是组建创业团队的必要条件。而团队成员间的互信是形成团队的基础。互信的缺乏，将直接导致团队成员间协作障碍的出现。

5. 外部环境

创业团队的生存和发展直接受到了制度环境、基础设施服务、经济环境、社会环境、市场环境、资源环境等外部要素的影响。这些外部环境要素从宏观上间接地影响着对创业团队组建类型的需求。

（二）创业团队成员的选择

1. 选择团队成员的注意事项

在选择创业团队成员时，我们需要注意从以下几个方面进行思考：

（1）团队成员加入的目的。

（2）团队成员的知识结构。

（3）团队成员的性格、个性、兴趣。

（4）团队成员的价值观念。

2. 组建创业团队的注意事项

在组建创业团队时，我们还需要考虑以下几个问题：

（1）团队中唯一权威主管问题。

（2）团队成员间的相互信任问题。

（3）妥善处理不同意见和矛盾。

（4）合理分配股权问题。

（5）妥善处理团队成员间的利益。

（三）创业团队的高效管理

1. 创业团队的结构管理

创业团队可以从三个方面入手来实施结构管理，分别是知识结构、情感结构和动机结构。知识结构反映的是创业团队成功创业的能力素质；情感结构是创业团队维持凝聚力的重要保障；动机结构则是创业团队实现理念和价值观认同的关键因素。

（1）知识结构管理

知识结构管理的核心是建立以创业任务为核心的知识和技能互补性，强调创业团队有完备的能力来完成创业相关任务。也就是说，创业团队要在价值观、创业理念基本吻合的基础上再考虑技能、经历、经验等方面的互补，要体现差异性，这样才有助于创新，才能做到资源整合。

（2）情感结构管理

情感结构管理的重点是注重年龄、学历等不可控因素的差异。中国文化注重层级和面子关系，如果创业团队之间年龄和学历因素差距过大，成员之间发生冲突，很容易导致彼此感觉丢了面子而演变为情感性冲突。一旦出现这种情况，创业团队将不得不把时间和精力浪费在沟通方式设计和内部矛盾化解上，内耗大于建设，不利于创业成功。

（3）动机结构管理

动机结构管理的关键在于注重创业团队成员理念和价值观的相似性。如果创业团队成员之间价值观不同，想做事业的成员可能不会过分关注短期收益，而怀揣赚钱动机的成员则不会认同忽视短期收益的做法。因此，相似的理念和价值观有助于创业团队克服创业挑战而逐步成功。

创业团队的结构管理是兼顾三个方面结构要素的平衡过程，短板效应非常明显。但是现实中，人们往往过分重视知识结构的互补性，而对于情感结构管理和动机结构管理重视程度不够，因此引发的问题往往会随时间而强化，一旦创业出现困难和障碍，往往会转变为创业团队的内耗和冲突。组建的创业团队并不是都能成功的，如果没有合理的管理，任何团队都有可能分裂。只有采用有效的创业团队管理策略和技巧，才能保持新企业的生命力、保持团队的凝聚力，提高工作效率。

2. 创业团队的管理技巧和策略

有效的管理是保持新企业生命力、保持团队士气的关键。由于创业团队本身的动态特征，团队管理就是贯穿于创业团队的整个生命周期的工作。创业团队管理的重点就是在维持团队稳定的前提下，发挥团队的多样性优势。

（1）创业团队精神的培育

创业团队精神培育包括：培育共同的企业价值观；培育领导者自身的影响力；培育共同的危机和忧患意识；培育良好的协调和经常性的沟通能力和氛围。

（2）创业者的产权安排

股权结构的设计原则需要注意人力资本所有者与投资人共同分享利润，采用期权制度，遵循股权动态变化的原则。创业团队产权安排需要注意重视契约精神，遵循贡献决定权利原则分配所有权比例，控制权与决策权统一原则，坚持差异化，关注业绩，保持灵活性。

（3）创业团队的绩效评估

创业团队绩效评估主体包括团队内部成员互相评议，每个成员的贡献由其他成员评议，用户满意程度成员评估团队加负责人评估成员及管理层评估主要是上级管理部门对团队业绩进行评估。创业团队的绩效评估方法包括360°考核、目标管理法（MBO）和关键绩效指标法（KPI）及目标与关键成果法（OKR）。

（4）创业团队的报酬合理分配

创业团队在分配报酬时需要围绕以下几个方面开展工作。首先形成分享财富的理念，其次是综合考虑企业与个人目标，再次是规范制定报酬制度的程序，然后要实施合理分配方案。方案应涵盖以下内容：创业思路、商业计划准备、敬业精神和风险、工作技能经验及业绩记录或社会关系、岗位职责。最后是综合考虑分配时机和手段。

（5）创业团队的激励

激励是一种艺术，并非投入巨资方能鼓舞士气，低成本激励同样可以成效显著，只要你的一个眼神肯定，我愿意天涯海角随你去。激励是一种艺术，并非即时利益方能让人心潮澎湃，美好愿景、远期利益同样可以让人砥砺前行。初创企业和创业团队更需要注重适时地对团队成员进行适当的激励，以促进团队更加良性、积极地运营。

拓展阅读

有效激励团队的12套秘方

1. 榜样激励

为员工树立一根行为标杆。在任何一个组织里，管理者都是下属的镜子。可以说，只要看一看这个组织的管理者是如何对待工作的，就可以了解整个组织成员的工作态度。“表不正，不可求直影。”要让员工充满激情地去工作，管理者就先要做出一个样子来。

2. 目标激励

激发员工不断前进的欲望。人的行为都是由动机引起的，并且都是指向一定的目标的。这种动机是行为的一种诱因，是行动的内驱力，对人的活动起着强烈的激励作用。管理者通过设置适当的目标，可以有效诱发、导向和激励员工的行为，调动员工的积极性。

3. 授权激励

重任在肩的人更有积极性。有效授权是一项重要的管理技巧。不管多能干的领导，也不可能把工作全部承揽过来，这样做只能使管理效率降低，下属成长过慢。通过授权，管理者可以提升自己及下属的工作能力，也可以极大地激发起下属的积极性和主人翁精神。

4. 尊重激励

给人尊严远胜过给人金钱。尊重是一种最人性化、最有效的激励手段之一。以尊重、重视自己的员工的方式来激励他们，其效果远比物质上的激励要来得更持久、更有效。可以说，尊重是激励员工的法宝，其成本之低，成效之卓，是其他激励手段都难以企及的。

5 沟通激励

下属的干劲是“谈”出来的。管理者与下属保持良好的关系，对于调动下属的热情，激励他们为企业积极工作有着特别的作用。而建立这种良好的上下级关系的前提，也是最重要的一点，就是有效的沟通。可以说，沟通之于管理者，就像水之于游鱼，大气之于飞鸟。

6. 信任激励

信任激励是诱导他人意志行为的良方。领导与员工之间应该要肝胆相照。你在哪个方面信任他，实际上也就是在哪个方面为他勾画了其意志行为的方向和轨迹。因而，信任也就成了激励诱导他人意志行为的一种重要途径。而管理不就是要激励诱导他人的意志行为吗？

7. 宽容激励

胸怀宽广会让人甘心效力。宽容是一种管理艺术，也是激励员工的一种有效方式。管理者的宽容品质不仅能使员工感到亲切、温暖和友好，获得安全感，更能化为启动员工积极性的钥匙，激励员工自省、自律、自强，让他们在感动之中甘心情愿地为企业效力。

8. 赞美激励

效果奇特的零成本激励法。人都有做个“重要”人物的欲望，都渴望得到别人的赞美和肯定。赞美是一种非常有效且不可思议的推动力量，它能赋予人一种积极向上的力量，能够极大地激发人对事物的热情。用赞美的方式激励员工，管理者所能得到的将会远远地大于付出。

9. 情感激励

让下属在感动中奋力打拼。一个领导能否成功，不在于有没有人为你打拼，而在于有没有人心甘情愿地为你打拼。须知，让人生死相许的不是金钱和地位，而是一个情字。一个关切的举动、几句动情的话语、几滴伤心的眼泪，比高官厚禄的作用还要大上千百倍。

10. 竞争激励

竞争激励是增强组织活力的无形按钮。人都有争强好胜的心理。在企业内部建立良性的竞争机制，是一种积极的、健康的、向上的引导和激励。管理者摆一个擂台，让下属分别上台较量，能充分调动员工的积极性、主动性、创造性和争先创优意识，全面地提高组织活力。

11. 文化激励

用企业文化熏陶出好员工。企业文化是推动企业发展的原动力。它对企业发展的目标、行为有导向功能，能有效地提高企业生产效率，对企业的个体也有强大的凝聚功能。优秀的企业文化可以改善员工的精神状态，熏陶出更多的具有自豪感和荣誉感的优秀员工。

12. 惩戒激励

惩戒激励是不得不为的反面激励方式。惩戒的作用不仅在于教育其本人，更重要的是让其他人引以为戒，通过适度的外在压力使他们产生趋避意识。惩戒虽然是一种反面的激励，但不得不为之。因为，“怀柔”并不能解决所有的问题。

3. 创业团队领导者角色与行为策略

创业团队领导是指负责为团队提供指导，为团队制定长远目标，在适当的时候代表团队处理与组织内其他部门关系的角色。他属于这个创业团队，是这个团队中的一员并且从团队内部施加影响。常见的创业团队领导者的角色包括以下 4 种。

（1）远景领导者

领导者应该为创业团队及部属勾勒未来远景，以远景引领众人努力的方向。

（2）变革领导者

成功的领导者不仅需要改变企业，同时也要改变环境，因此，领导者必须鼓励改变，尝试与冒险，承担因改变造成的一切后果。

（3）潜能领导者

领导者要扮演引爆员工潜力，协助员工得到潜能的角色。

（4）价值领导者

领导者应该时时以身作则，以创造价值为最高行为指导方针，时时学习新知，增加自己在变动环境中创造价值的本钱。

4. 创业团队的社会责任

（1）创业团队首要的社会责任

就创业企业生存的基础而言，创业企业要生存就必然要追逐利润。创业团队经营企业的重点在于讲究效益，以最少的成本，获取最大的利润，同时向国家缴纳税赋。为巩固国防、社会建设、丰富和满足民众生活提供保障。因此，创造最大的经济效益，是创业团队首要的社会责任。

（2）注重企业内部员工在分配上的公平合理

从创业企业内部管理来说，创业团队还要注重创业企业内部员工在分配上的公平合理，注重对员工的培训和教育。要按规定给员工办理各种保险，要保证员工的各种合理的福利。社会就业扩大、员工素质的提高、员工收入的不断增长是社会稳定的重要基础，也是创业企业对社会稳定作出的重要贡献。

（3）注重社会道德

就创业企业和外部的关系而言，在创业企业利益和社会利益发生冲突时，创业团队宁可牺牲自己的利益也要保护社会的利益。有的创业企业经营活动和社会责任具有密切的关系，在追逐利润的同时更要注重社会道德。

能力训练

创业团队组建的重要性

（一）海上遇险设想

整个班级分为 5 组。假设你们正随着一艘游船漂浮在海面上，突然间狂风大作，暴雨侵袭，游船在巨浪撞击下早已不堪重负。你们离最近的陆地大约有 1700 千米，船上有 14 件物品，此外还有一个带桨的、可乘坐你们和所有船员的橡胶救生筏。

主要任务：把这 14 件物品按其在你们求生过程中的重要程度排列，把最重要的物品放在第一位，次要的物品放在第二位，以此类推，直至排出相对不重要的第 14 件。如 1 表示最重要，2 次之，以此类推。

请完成下列步骤，并在相关的栏目中填入分数。（注：个人排列——自己思考进行排序；小组排列——小组进行讨论，按小组共同的意见排序；救生专家的排列——专家的意见，老师给出答案，请大家记录。）

物品	个人排列	小组排列	救生专家的排列	个人排列与救生专家排列之差	小组排列与救生专家排列之差
救生圈					
指南针					
一桶 15 千克的水					
压缩饼干					
一瓶白酒					
化妆镜					
驱鲨剂					
望远镜					
急救箱					
求生信号棒					
照明设备					
盛水容器					
救生刀					
两盒巧克力					
你的分数总计					
小组分数总计					

（二）各组分数统计

	一组	二组	三组	四组	五组
个人平均分数					
小组分数					
实际得分					
小组个人最低分					
小组中个人分低于小组分的人数					

注：个人平均分数 = 小组中的个人分数相加后除以小组人数；小组分数 = 小组排列分数与救生专家排列的分数之差；实际得分 = 小组分数与个人平均分数之差，如果小组分低于平均分，则得正分，反之则得负分。

(三) 从任务完成情况来归纳群体和团队的区别

区别	群体	团队
目标		
责任		
技能		
规范		
效率		
方法		

通过对比，你发现了什么？

____

____

____

第五章　创业机会与创业风险

案例导入

在遥远的东北小城，有一位名叫张强的年轻人，他怀揣着对未来的憧憬，决定辞去稳定的工作，投身创业的大潮中。张强一直对互联网行业充满兴趣，他看到随着科技的飞速发展，网络已经深入人们生活的方方面面，并带来了巨大的商业机会。

经过深入的市场调研和反复思考，张强决定创办一家专注于智能家居产品开发的初创公司。他相信，随着人们生活水平的提高和科技的不断进步，智能家居产品将会有巨大的市场需求。于是，他拿出了自己的全部积蓄，并说服了几位志同道合的朋友一起加入，开始了艰苦的创业之旅。

创业之初，张强和他的团队面临着重重困难。首先，他们需要研发出具有竞争力的智能家居产品，这需要大量的资金投入和技术支持。然而，由于初创公司资金有限，他们不得不精打细算，尽量节省开支。同时，他们还需要不断寻找合作伙伴和投资人，以获取更多的资源和支持。

在这个过程中，张强展现出了出色的领导能力和商业头脑。他积极与各种机构和企业建立联系，寻求合作机会。同时，他也非常注重产品的研发和创新，带领团队不断攻克技术难题，提升产品的质量和性能。

经过一段时间的努力，张强的公司终于研发出了第一款智能家居产品，并成功推向市场。由于产品功能实用、操作简便，受到了消费者的热烈欢迎，销量节节攀升。这也为公司带来了可观的收入，为后续的发展奠定了坚实的基础。

然而，创业之路并非一帆风顺。随着市场的不断扩大和竞争的加剧，张强和他的公司也面临着越来越多的挑战和风险。他们需要不断创新和优化产品，以适应市场的变化和消费者的需求。同时，他们还需要加强品牌建设和市场推广，提升公司的知名度和影响力。

在这个过程中，张强深刻地认识到了创业机会与创业风险并存的事实。他明白，只有不断抓住机遇、勇敢面对风险，才能在创业的道路上走得更远、更稳。

如今，张强的公司已经发展成为一家具有一定规模和影响力的智能家居企业。他们的产品不仅在国内市场取得了不俗的成绩，还开始拓展国际市场。张强也从一个普通的创业者成长为一位成功的企业家，他的创业故事激励着越来越多的人投身创业的浪潮中。

（资料来源：张雪黎，刘安卿．大学生创新创业教程［M］．北京：人民邮电出版社，2017.）

学习目标

了解创业机会的识别及其过程；
熟悉创业机会的评价内容与技巧；
掌握大学生创业过程中常见的风险与防范措施。

第一节 创业机会的识别

一、创业机会概述

（一）创业机会的内涵

纽约大学科兹纳教授认为，机会就是未明确的市场需求或未充分使用的资源或能力。他从两个角度来界定创业机会，其实开发未充分使用的资源或能力本质上还是用来满足一定的市场需求。创业者的创业行为是需要得到一定的回报的，要不然不能称为创业。所以，创业机会就是能够满足消费者需求，并能使创业者收获回报的有吸引力的商业想法或主张。识别创业机会是思考和探索的互动反复，并将创意进行转变的过程。有的创业者认为自己有很好的创业想法和点子，对创业充满信心。有想法、有点子固然重要，但并不是每个大胆的想法和新异的点子都能转化为创业机会。许多创业者就因为仅仅凭借想法去创业而失败了。因此，了解创业机会的特征有助于创业者正确识别创业机会。创业机会具有以下特征。

1. 普遍性

凡是有市场、有经营的地方，客观上就存在创业机会。创业机会普遍存在于各种经营活动过程之中。

2. 偶然性

创业机会的发现和捕捉带有很大的不确定性，任何创业机会的产生都有“意外”因素。

3. 消逝性

创业机会存在于一定的时空范围之内，随着产生创业机会的客观条件的变化，创业机会会相应地消逝和流失。

拓展阅读

创意、商业概念和创业机会

一个好的创意可能会成为一个好的创业机会，但也可能不会成为创业机会。创意需要开发成商业概念才能成为创业机会。

创意是创业者的初步设想或灵感，是对某个问题提出的初步解决方案，不一定追求市场回报。创业机会比创意更为严肃和正式，有时候一个非常好的创意不一定就是一个好的创业机会。虽然每个创意都是和一种需求或解决问题的办法紧紧联系在一起的，但创意要想转化为创业机会，必须具备以下几个特征：一是时机，由机会窗口决定。当机会窗口打开时（时机敏感性），机会所带来的利润就会产生。当达到某个时点，市场成熟了，机会窗口也就关闭了。二是吸引力，必须可以获利。三是持续期，可以持续一段时间，能够在市场上发展、成长和成熟。四是必须为消费者提供价值。

商业概念是在创意的基础上用文字、图像、模型等对已成型的潜在产品构思进行形象的描述，以便在消费者心中形成一种潜在产品的独特印象。商业概念就是产品介绍，用消费者的语言来描述产品，而创意是站在创业者的角度对问题解决手段的构思，消费者一般很难理解。商业概念必须以简单、概括、形象的方式来传递优势信息，突出潜在产品的优势，形成潜在产品的卖点。所以商业概念必须通过市场检验。商业概念甚至需要在小规模市场上进行试销，以确定利润的回报是否可以实现。如果没有利润回报，创意就不能开发成创业机会。

总之，看到机会、产生创意并发展成清晰的商业概念，意味着创业者识别到创业机会。一个创意只有在能带来利润回报时才能开发成创业机会。

（二）创业机会的类型

创业机会依据不同的分类方式可以分为不同的类型，根据创业机会的来源可分为以下几种。

1. 趋势型机会

趋势型机会是指在变化趋势中蕴含的一种创业机会。趋势型机会一般出现在经济变革、政治变革、人口变化、社会制度变革、文化习俗变革等多个方面（见表 5-1）。一旦被人们认可，它产生的影响将是持久的，带来的利益也是巨大的。我国正处于经济改革深化阶段，创业者如果能够识别出适合自己的机会，能够很早地发现并把握，就有可能成为未来趋势的先行者和领导者。

表 5-1　过去 50 年中几个大的趋势和因此带来的创业机会

趋势	创业机会
婴儿潮	纸尿布、玩具、儿童服装、童车、幼儿教育
云计算	互联网、个人云计算、电子出版物、电子通信技术
肥胖人士增多	减肥行业的兴起、家庭式健身房、健康俱乐部、健康食品
双薪家庭	儿童托管、家政服务
亚健康人群增加	健康保健食品、健康设施、健康娱乐产品、心理咨询

（1）低碳环保产品是当今经济社会发展的必然趋势

低碳经济是指在可持续发展理念的指导下，通过技术创新、制度创新、产业转型、新能源开发等多种手段，尽可能地减少煤炭、石油等高碳能源消耗，减少温室气体排放，达到经济社会发展与生态环境保护双赢的经济发展形态。低碳经济是以低消耗、低污染、低排放为基础的经济模式，是人类社会继农业文明、工业文明之后的又一次重大进步。随着“低碳”话语的出现，现在“低碳社会”“低碳城市”“低碳超市”“低碳校园”“低碳交通”“低碳环保”“低碳网络”“低碳社区”——各行各业蜂拥而上，统统冠以“低碳”二字，使“低碳”成为一种时尚。

（3）共享经济的兴起

提及共享经济，大多数人首先想到的是以滴滴为代表的打车软件。滴滴出行（Didi Taxi）是由北京小桔科技有限公司推出的“一站式”移动出行平台，于 2012 年 9 月 9 日上线。它涵盖出租车、专车、滴滴快车、顺风车、代驾及大巴货运等多项业务。致力于与监管部门、出租车行业、汽车产业等伙伴积极协作，以人工智能技术推动智慧交通创新，解决全球交通、环保和就业挑战。据统计，2014 年全球共享经济的市场规模达 150 亿美元。到 2025 年这一数字预计将达 3350 亿美元，年复合增长率达到 36%。事实上，共享概念早已有之。传统社会中，朋友之间共享一条信息、邻里之间互借东西等，都是一种形式的共享。但这种共享受制于空间和关系两大要素，一方面，信息或实物的共享受制于空间，仅限于个人所能触达的空间之内；另一方面，共享需要有双方的信任关系才能达成。

2. 问题型机会

问题型机会是指由现实中存在的未被解决或未被有效解决的问题所产生的一类机会。问题型机会可以说无处不在。比如，生活中存在的各种不方便，生产中的高消耗、高成本，买卖中大量的退货、顾客的抱怨、消费者的不便，无法买到称心如意的商品，服务质量差等，都是问题。在解决这些问题的过程中，会存在价值或大或小的创业机会，需要人们用心发掘。胡润（Rupert Hoogewerf），1970 年出生于卢森堡大公国，英国注册会计师，著名的《胡润百富》创刊人。1990 年他留学中国人民大学，后来就留在安达信会计师事务所（上海分部）工作，成了一名会计师。但是，胡润遇到了一件麻烦事，每次休假回到英国，大家都会很好奇地问他，中国什么样？这个问题看似简单，不过还真是难回答，关键是没有标准答案，偌大一个中国，5000 年历史，10 多亿人口，说些什么呢？胡润为了这个事特别烦恼。1999 年，当时正好是中华人民共和国成立 50 周年，胡润想不如给人们介绍 50 个中国特别成功的人，这样不就可以让他们知道新中国成立 50 年来的变化了吗？基于这样的想法，胡润后来推出了富豪榜。

3. 缝隙市场机会

缝隙市场机会是指避开在整个市场中的竞争而选择一个细分市场进行需求满足的机会。只有实力强大的公司才有能力在整个市场中进行竞争，小企业创业初期资源有限，应该对市场进行细分，选择一个对自己有利的市场，集中优势资源进入，有效满足这一细分市场的需求。在缝隙市场中寻找机会，有利于创业者增强主动性，减少盲目性，增加成功的可能性。对于后进企业来说，善于寻找市场缝隙，是超越先进、实现后来者居上的捷径。尽管竞争对手很多，也很强大，但是精明的经营者都明白，市场的缝隙总是存在的，是可以突破的。

经典案例

瑞幸咖啡是中国近年来快速崛起的咖啡连锁品牌。在星巴克等全球咖啡巨头已经在一、二线城市占据一定市场份额的背景下，瑞幸咖啡通过精准的市场定位和差异化的竞争策略，成功找到了市场缝隙并实现快速增长。

商业机会：

1. 定位年轻消费者。瑞幸咖啡将目标消费者定位为年轻白领和学生群体，这些人群对咖啡品质有一定要求，同时注重消费体验和价格因素。瑞幸通过提供高品质、价格适中的咖啡产品以及便捷的购买方式（如线上点单、外卖配送等），满足了这一群体的需求。

2. 快速开店策略。与传统咖啡连锁品牌注重在核心商圈开设大型门店不同，瑞幸咖啡采用了快速开店策略，通过在小型商圈、写字楼、高校等地点开设小型门店或自助咖啡机，实现了广泛的市场覆盖。这种策略使得瑞幸能够更快地接触到目标消费者，提高品牌知名度和市场份额。

3. 数字化营销。瑞幸咖啡充分利用数字化手段进行营销和推广。通过与社交媒体平台合作，开展线上活动、优惠促销等，吸引了大量年轻消费者的关注和参与。此外，瑞幸还通过大数据分析消费者行为和偏好，不断优化产品和服务，提升顾客满意度。

（资料来源：https：//www. 123. com. cn/kline/a959379. html，有改动）

二、创业机会的识别

（一）创业机会的特征

美国百森商学院蒂蒙斯教授在《21 世纪创业》中提出创业机会的 4 个特征。

1. 它必须能吸引顾客

创业机会只有满足真实的市场需求，才能为消费者创造新价值或增加原有价值，才能对顾客产生吸引力，才能具有良好的市场前景，也就是说创业机会要有价值性。

2. 它能在你的商业环境中行得通

有价值的创业机会能让创业者在承担风险和投入资源之后，不仅能收回投资，而且能创造更高的价值，即消费者认为购买你的产品或服务比购买其他的产品或服务能够获得更高的价值，也体现了创业机会的价值性。

3. 它必须在机会窗口存在期间被实施

机会窗口是指商业创意被推广到市场上去所花费的时间。机会窗口存续时期是创业的时间期限，即时机，所谓“机不可失，时不再来”。新产品市场一旦建立起来，机会窗口就被打开了。机会窗口一般会持续一段时间，不会转瞬即逝，但也不会长久存在。随着市场的成长，企业进入市场并设法建立有利可图的定位，当达到某个时点，市场成熟，竞争者已经有了同样的想法并把产品推向市场，那么机会之窗也就关闭了。因此，特定的创业机会仅存在于特定的时段内，创业者务必要把握好这个“黄金时间段”，这也体现了创业机会的时效性。

4. 它必须有必要的资源（人、财、物、信息、时间和技能）

在"你的商业环境中行得通"是前提。说明创业机会必须适合创业者所处的市场环境，创业者才有可能开发和利用这种机会，也就是创业机会的可行性。否则，机会再好，创业者却因缺乏必要的资源无法加以利用，这样的市场机会对于特定的创业者不能称为创业机会。

（二）创业机会的来源

创业机会主要来自一定的市场需求和变化。我国的创业机会主要来源于问题、发明创造、差异、变化。

1. 问题

创业的根本目的是满足顾客需求，顾客需求在没有满足前就是问题。寻找创业机会的一个重要途径是善于发现和体会自己和他人在需求方面的问题或生活中的难处。新的需求的出现以及需求方式的改变往往产生新的问题，有经验的创业者就可能从中找到富有价值的创业机会。

2. 发明创造

发明创造提供了新产品、新服务，更好地满足了顾客需求，同时也带来了创业机会。在人类社会发展史上，每次重大的发明创造都会引起产业结构的重大变革，产生无数的创业机会。200 多年前，蒸汽机推动了第一次工业革命，催生了众多产业部门；100 多年前第二次工业革命中诞生了发电机、内燃机、汽车、电话机等一批革命性创新产品，引发了全球性创业高潮；20 世纪 50 年代之后，半导体、计算机、集成电路、互联网等发明创造将人类带入了崭新的信息时代，开创了许许多多新的产业部门。即使你不能发明新的东西，但如果能跟上时代的步伐，成为销售和推广新产品、新服务或新技术的人，也会带来无限商机。

3. 差异

如果你能寻求和其他企业的差异，弥补竞争对手在消费者定位中的差异或产品的差异，这也将带来新的创业机会。

4. 变化

创业机会大多产生于不断变化的市场环境，环境变化了，市场需求、市场结构必然发生变化，就会给各行各业带来商机。变化是创业机会的重要来源，没有变化就没有创业机会，人们通过这些变化，常常会发现新的创业机会。著名管理大师彼得·德鲁克将创业者定义为那些能"寻找变化并积极反应，把它当作机会充分利用起来的人"。变化主要来自谢恩所说的四种变革：技术变革、政治和制度变革、社会和人口结构变革与产业结构变革。

（三）创业机会的识别

1. 创业机会的识别过程

创业机会的识别是创业领域的关键问题之一。从创业过程的角度来说，它是创业的起点。创业机会的识别过程是一个不断调整、反复均衡的过程。不同的创业者可能愿意关注不同的创业机会，即使是同一个创业机会，不同的人，对其评价也往往不同。创业过程开始于创业者对创业机会的把握。创业者从成千上万繁杂的创意中选择了他心目中的创业机会，随之不断持续开发这一机会，使之成为真正的企业，直至最终收获成功。在这一过程中，机会的潜在预期价值以及创业者的自身能力得到反复的权衡，创业者对创业机会的战略定位也越来越明确，这一过程称为机会的识别过程。这一机会的识别过程实际上是一种广义的识别过程，因为它囊括了大部分研究中提到的机会的搜寻、机会的识别、机会的评价等阶段。

（1）阶段一："机会的搜寻"

创业开始的关键可能来源于一个新产品或服务的创意，而创意往往来源于对市场机会、技术机会和政策变化信息的感知和分析，来源于创业者在个人经验基础上的"灵感"。在机会搜寻阶段，创业者对整个经济系统中可能存在的创意和"灵感"展开搜索，如果意识到某一创意可能是潜在的商业机会，具有潜在的发展价值，就将进入机会识别的下一阶段。

首先，根据创意，明确研究的目的或目标。其次，从已有数据或第二手资料中收集信息。这些信息主要来自商贸杂志、图书馆、政府机构、大学或专门的咨询机构以及互联网等。最后，从第一手资料中收集信息。如果创业者希望主动搜索机会，他们还可以将一些经过特别筛选和培训的有创意的消费者、非行业内专家、客户以及创意专家集合在一起，以产生最新、最激动人心的创意。所有创意的产生都植根于真正消费者的洞察，以保证这些创意和商业需求息息相关。

（2）阶段二："机会的识别"

识别创业机会是思考和探索的互动反复，并将创意进行转变的过程。

相对整体意义上的机会识别过程，这里的机会识别应当是狭义上的识别，即从创意中筛选合适的机会。这一过程包括两个步骤：第一步是通过对整体的市场环境以及一般的行业进行分析，判断该机会是否在广泛意义上属于有利的商业机会；第二步是考察对于特定的创业者和投资者来说，这一机会是否有价值，也就是个性化的机会识别阶段。

一般来说，有关市场特征、竞争者等的可获数据，常常反过来与一个创业机会中真正的潜力相联系。也就是说，如果市场数据已经可以获得，并且数据清晰地显示出重要的潜力，那么大量的竞争者就会进入该市场，该市场中的创业机会就会随之减少。因此，对收集的信息进行结果评价和分析，识别真正的创业机会是重要的一步。一般而言，单纯地对问题的答案进行总结，可以给出一些初步印象；接着对这些数据信息交叉制表进行分析，则可以获得更加有意义的结果。也就是说，对于创业者来说，收集必要的信息，发现可能性，将别人看来仅仅是一片混乱的事物联系起来以发现真正的创业机会，这是非常重要的。

（3）阶段三："机会的评价"

评价是仔细审查创意并分析其是否可行的阶段，主要包括技术方案评价、市场潜力评价和成本收益评价。评价是机会识别中的关键环节，要求创业者对创意的可行性进行客观、公正的评判。

2. 创业机会的识别技巧

识别和把握创业机会的一般行为技巧如下。

(1) 从国家经济发展趋势中判断商机

创业者一定要眼界开阔，关注并研究国家宏观经济政策和行业发展态势，这是大势。国家鼓励发展什么，限制发展什么，行业未来发展趋势如何，都与创业机会密切相关。例如，根据我国相关政策，循环经济、绿色制造业将大有可为，因此，这个领域内蕴含了大量的商业机会有待创业者发掘。又如，国家近年来放宽准入，鼓励民间资本进入铁路、市政、教育、金融等领域，创业者就可以放手在这些产业中发掘金矿。

(2) 市场环境变化孕育商机

变化中常常蕴藏着商机，许多创业机会产生于不断变化的市场环境。环境变化将带来产业结构的调整、消费结构的升级、思想观念的转变、政府政策的变革、市场利率的波动等。例如，在国有企业民营化的过程中，创业者可以在交通、电信、能源等产业中发掘创业机会；循环经济、绿色制造的理念将变革传统的生产和消费模式，带来节能减排、废物回收、材料更新、循环利用等领域的创业机会；移动互联网、3D 打印技术、“云计算”等高新技术的出现，必将引发新一轮产业革命。任何变化都能引发甚至创造出新的创业机会，需要创业者凭借自己敏锐的嗅觉去发现和识别。

(3) 资源整合创造无限商机

创造性地整合资源，不仅可以创造出新的价值，还可以带来无尽的商业机会。柯兹纳就认为，机会是一种通过对资源的创造性整合，满足市场及客户的需求的渠道。

(4) 科技发展催生商机

世界产业发展历程告诉我们，几乎每一个新兴产业的形成和发展，都是技术创新的结果。产业转型、技术创新、产品换代，都会带来前所未有的创业机会。创业者如果能够及时了解最新的科技发展动态，持续跟踪产业发展、技术创新的步伐，即使不发明新的东西，也会从其推广、应用、销售、维护、开发和咨询等项服务中开发出新的市场机会。

(5) 市场“空缺”蕴含商机

市场的“缺口”或“边角”往往蕴含了大量被人们忽略而未被满足的市场需求，充分开发利用这些机会空间，另辟蹊径、人无我有、人有我新，就一定能够出奇制胜。

(6) 在解决问题过程中发掘商机

问题往往隐含了被精巧掩饰的商业机会。许多创业者都是从发现问题开始，在解决问题的过程中，找到满足消费者需求、能为消费者创造价值的方案，在此之后其往往就能捕捉到极具市场前景的商机。几年前海尔总裁张瑞敏出差四川，听说海尔洗衣机在四川销售受阻，原因是农民常用洗衣机洗地瓜，排水口一堵农民就不愿意用了。于是，海尔集团就根据当地农民的需要开发出一种排水管口粗大、既可以洗衣又可以洗地瓜的洗衣机。这种洗衣机生产出来后，大受欢迎，畅销西南农村市场。

(7) 竞争对手的缺陷隐藏商机

研究竞争对手，从中寻找其产品或服务的弱点，若能有效弥补其缺陷和不足，在激烈的竞争中胜出，就很可能从中找到重要的创业机会。

经典案例

五谷道场填补市场空缺

纵观五谷道场，最大的特点是“差异化”。在众多方便面企业都在细化“口味概念”市场的时候，五谷道场却独树一帜，推出“非油炸”型方便面，引起了广大消费者的高度关注。更是在方便面市场上开辟出一条区隔于传统企业的新领域。

别小看一个“非”字，这可是对在国内盛行20多年的油炸型方便面的一种颠覆。从营销理论分析，五谷道场实现了对竞争者的一种市场区隔，建立起巨大的概念差异，达到了品牌定位的主要目的。

分析一下方便面市场，不仅有康师傅所区隔出的城市高档市场，部分厂家以价位作区隔的区域或农村市场等不同定位，还有各种利用不同“口味概念”作区隔的市场，如果要按传统做法冲击它们简直是不可能的。而五谷道场正是走了这样一条与众不同的路：搅乱当前的市场格局、重新洗牌，利用“非油炸”这一利器对市场进行了区隔，同传统品牌直接叫板，建立起令其他品牌汗颜的差异，从而使自己在新的领域成为第一名，做了另一品类的“老大”。等其他企业意识到的时候，五谷道场已经抢占了先机。

（资料来源：雷玉梅. 大学生创新创业项目化教程［M］. 浙江：浙江大学出版社，2023.）

第二节　创业机会的评价

一、创业机会评价分析

（一）创业机会评价的特殊性

尽管创业机会的评价已经构建了不少定性、定量的评价体系和模型，但机会的识别与把握却依然一半是科学、一半是艺术，这是因为创业机会的评价具有多方面的特殊性。

1. 机会信息的不对称性

创业者在创业机会的解读上通常面临信息的不对称。好的创业机会本身需要具备的知识、信息、资源、社会关系网络等，要求创业者具有丰富的工作经验和社会阅历、广博的知识结构以及广泛的社会关系网络，但创业者往往由于知识结构、工作经验、个人特质和资源禀赋方面的差异和局限性，影响对特定创业机会评价的准确性。

2. 创业环境的不确定性

随着经济全球化、信息化和科学技术的迅猛发展，如今的创业者面临的是一个更加复杂多变的、不确定的市场环境，而且往往机会创造价值的潜力越大、科技含量越高，环境不确定性就越大，信息也就越不完全，创业者就越难做出全面、准确的评价。当然，环境的不确定性并非只有消极作用，它会提供开创新事业的诸多机会，创业正是对环境不确定性的回应，而且这种应对结果往往进一步催生大量新的不确定性机会。

3. 创业者的有限理性

有限理性的概念最初是阿罗提出的，他认为有限理性就是人的行为“既是有意识的理性，但这种理性又是有限的”。

首先，有限理性与创业环境的不确定性密切相关。人们对环境的预测能力和认识能力是有限的，人不可能无所不知。

其次，创业者个人特质尤其是性格特征、认知因素、职业兴趣存在很大差异，即便是面对同一机会，不同的创业者也会表现出不同的看法和评价。

此外，由于受到情境的影响，创业者的创业警觉性往往在很大程度上依靠以往的经验直观推断或主观感知。

在复杂情境下，一个人不可能获得所有的信息来做出合理的决定，人们只具有有限的理性。此时，创业者的冒险精神、创造力起着关键性作用。

4. 多种其他因素的影响

创业机会的识别与评价还受到创业者性别、创业团队、地域差异等多种因素的影响。

经典案例

李明，一位具有创新精神和敏锐市场洞察力的创业者，看到了智能健康手环市场的潜力，并决定投身其中。然而，他的创业过程并非一帆风顺，而是受到了多种因素的影响。

首先，个人特质在李明识别创业机会的过程中起到了关键作用。他具备强烈的好奇心和丰富的想象力，这使得他能够洞察到消费者对于健康管理的需求，并设想通过智能手环来满足这一需求。同时，他的创新精神也推动他不断研发和优化产品，以满足市场的变化。

其次，仅有个人特质并不足以保证创业成功。社会网络在李明的创业过程中也发挥了重要作用。他通过与行业内的专家、投资者以及潜在用户建立联系，获取了宝贵的建议和信息。这些联系不仅帮助他更好地了解市场需求和竞争态势，还为他提供了必要的资金和资源支持。

再次，市场环境同样对李明的创业机会产生了影响。随着人们对健康管理的重视程度不断提高，以及新技术的不断涌现，智能健康手环市场逐渐扩大。然而，竞争也日益激烈，新的竞争者不断涌入市场。李明需要密切关注市场动态，及时调整战略，以应对市场的变化。

复次，资金因素也是影响李明创业机会的重要因素。在创业初期，他需要投入大量资金用于研发、生产和市场推广。为了筹集资金，他积极寻求投资者的支持，并通过各种渠道筹集资金。然而，资金的压力也让他不得不谨慎考虑每一项支出，以确保项目的顺利进行。

最后，团队因素也对李明的创业机会产生了重要影响。他组建了一支富有经验和创新精神的团队，共同致力于产品的研发和市场推广。团队成员之间的协作和配合使得项目能够顺利进行，并在市场上取得了一定的成绩。

（资料来源：https：//www. sohu. com/a/735221175_ 429566，有改动）

（二）创业机会的评价方法

在机会开发过程的各阶段，创业者会对市场或资源进行非正式的研究，对机会做出多次评价，这些评价会使创业者识别出其他的新机会或调整其最初的看法。其中，比较普遍的一种评价方法是阶段性决策方法，这一方法要求创业者在机会开发的每个阶段都要进行机会评价。一个机会是否能够通过每个阶段预先设置的“通过门槛”，在很大程度上取决于创业者经常面对的约束或限制，如创业者的目标回报率、风险偏好等。一个机会若不能成功通过某一阶段的评价门槛，将被修订甚至被放弃。因此，通过循环反复的“识别—评价—开发—识别”步骤，一个最初的商业概念或创意就会逐步完善起来。

1. 定性评价方法

1994 年，斯蒂文森等人认为对创业机会的充分评价，需要考虑以下几个重要问题：①机会的大小、存在的时间跨度和随时间成长的速度等问题；②潜在的利润是否足够弥补资本、时间和机会成本的投资，带来令人满意的收益；③机会是否开辟了额外的扩张、多样化或综合的商业机会选择；④在可能的障碍面前，收益是否会持久；⑤产品或服务是否真正满足了目标市场的真实需求。

1998 年，隆杰内克等人提出了评价创业机会的 5 项基本标准：①对产品有明确界定的市场需求，推出的时机也是恰当的；②投资的项目必须能够维持持久的竞争优势；③投资必须具有一定程度的高回报，从而允许一些投资中的失误；④创业者和机会之间必须相互适合；⑤机会中不存在致命的缺陷。

2. 定量评价方法

（1）标准打分矩阵

标准打分矩阵法是通过选择对创业机会成功有重要影响的因素，并由专家小组对每一个因素进行最好（3 分）、好（2 分）、一般（1 分）三个等级的打分，最后求出每个因素在各个创业机会下的加权平均分，从而对不同的创业机会进行比较，如表 5-2 所示。表中列出了 10 项主要的评价因素，在实际使用时可以根据具体情况选择其中的全部或部分因素来进行评估。

表 5-2　标准打分矩阵

标准	专家打分			
	最好（3 分）	好（2 分）	一般（1 分）	加权平均分
易操作性				
质量和易维护性				
市场接受性				
增加资本的能力				
投资回报				
专利权状况				
市场大小				
制造的简单性				

续表

标准	专家打分			
	最好（3分）	好（2分）	一般（1分）	加权平均分
口碑传播潜力				
成长潜力				

（2）蒂蒙斯创业机会评价模型

1999年，蒂蒙斯提出了包含8项一级指标、53项二级指标的评价指标体系，几乎涵盖了其他一些理论所涉及的全面内容，包括行业和市场、经济因素、收获条件、竞争优势、管理团队、致命缺陷问题、个人标准、理想与现实的战略差异等方面，被认为是目前最为全面的创业机会评价指标体系，如表5-3所示。

表5-3 创业机会评价指标体系

序号	一级指标	二级指标
1	行业和市场	①市场容易识别，可以带来持续收入；②顾客可以接受产品或服务，并愿意为此付费；③产品的附加价值高；④产品对市场的影响力大；⑤将要开发的产品生命长久；⑥项目所在的行业是新兴行业，竞争不完善；⑦市场规模大，销售潜力达到1000万美元至10亿美元；⑧市场成长率在30%~50%甚至更高；⑨现有厂商的生产能力几乎完全饱和；⑩在5年内能占据市场的领导地位，达到20%以上；⑪拥有低成本的供货商，具有成本优势
2	经济因素	①达到盈亏平衡点所需要的时间在1.5~2年；②盈亏平衡点不会逐渐提高；③投资回报率在25%以上；④项目对资金的要求不是很大，能够获得融资；⑤销售额的年增长率高于15%；⑥有良好的现金流量，能占到销售额的20%以上；⑦能获得持久的毛利，毛利率要达到40%以上；⑧能获得持久的税后利润，税后利润率要超过10%；⑨资产集中程度低；⑩运营资金不多，需求量是逐渐增加的；⑪研究开发工作对资金的要求不高
3	收获条件	①项目带来的附加价值具有较高的战略意义；②存在现有的或可预料的退出方式；③资本市场环境有利，可以实现资本的流动
4	竞争优势	①固定成本和可变成本低；②对成本、价格和销售的控制较高；③已经获得或可以获得对专利所有权的保护；④竞争对手尚未觉醒，竞争较弱；⑤拥有专利或具有某种独占性；⑥拥有发展良好的网络关系，容易获得合同；⑦拥有杰出的关键人员和管理团队
5	管理团队	①创业者团队是一个优秀管理者的组合；②行业和技术经验达到了本行业内的最高水平；③管理团队的正直廉洁程度能达到最高水准；④管理团队知道自己缺乏哪方面的知识
6	致命缺陷问题	不存在任何致命缺陷问题

续表

序号	一级指标	二级指标
7	个人标准	①个人目标与创业活动相符合；②创业家可以做到在有限的风险下实现成功；③创业家能接受薪水减少等损失；④创业家渴望进行创业这种生活方式，而不只是为了赚大钱；⑤创业家可以承受适度的风险；⑥创业家在压力下状态依然良好
8	理想与现实的战略差异	①理想与现实情况相吻合；②管理团队已经是最好的；③在客户服务管理方面有很好的服务理念；④所创办的事业顺应时代潮流；⑤所采取的技术具有突破性，不存在许多替代品或竞争对手；⑥具备灵活的适应能力，能快速地进行取舍；⑦始终在寻找新的机会；⑧定价与市场领先者几乎持平；⑨能够获得销售渠道，或已经拥有现成的网络；⑩能够允许失败

2007 年，林嵩提出蒂蒙斯机会识别指标体系的缺点也比较明显：①指标多而全，导致主次不够清晰，实践中在对创业机会进行评价时，很难做到对各个方面的指标进行量化设置权重、实现综合评分的效果；②各维度划分不尽合理，存在交叉重叠，这也在一定程度上影响了评价指标的有效性；③蒂蒙斯创业机会评价体系主要是基于风险投资商的风险投资标准建立的，这与创业者的标准还是存在一定的差异性，风险投资商的标准更具有主观性，而创业者的标准更具有客观性。

（3）创业机会评价框架

我国台湾地区的创业学教授刘常勇归纳的创业机会评价框架比较简单，具有一定代表性。他认为创业机会评价主要围绕市场和回报两个层面展开，如表 5-4 所示。

表 5-4　创业机会评价框架

评价分类	市场评价	回报评价
具体解释	·是否具有市场定位，专注于具体顾客需求，能为顾客带来新的价值 ·依据波特的五力模型进行创业机会的市场结构评价 ·分析创业机会所面临市场的规模大小 ·评价创业机会的市场渗透力 ·预测可能取得的市场占有率 ·分析产品成本结构	·税后利润至少高于 5% ·达到盈亏平衡的时间应该在两年以内，如果超过三年还不能实现盈亏平衡，则这样的创业机会是没有价值的 ·投资回报率应高于 25% ·资本需求量较低 ·毛利率应该高于 40% ·能否创造新企业在市场上的战略价值 ·资本市场的活跃程度 ·退出和收获回报的难易程度

二、创业机会评价的内容与技巧

（一）创业机会评价的内容

创业机会评价可以降低创业风险和减少失败，主要包括 8 个方面。

1. 行业和市场

对于创业者来说，要考虑的一个关键问题就是创业想法是否有市场。这个市场是由有购买力及愿意购买你的产品或服务的消费者组成的。另外要考虑的一个重要问题是市场的大小（消费者对产品和服务的需求量）和增长速度。想要成为创业者就需要收集这类信息。如果市场数据很容易获得，并能很清晰地反映潜在的情况，那么就会有很多的创业者进入市场。相应地，机会就会减少、变小。创业者可以获取一些公开发表的信息，来源包括图书馆、商会、投资促进中心、政府部门、大学、外国大使馆、互联网、报纸等。除了上述来源，经常与人们交流也是可以收集到信息的，如来自消费者和供应商的信息。如果准备这样收集信息的话，就需要设计一个调查的方法和渠道。

2. “机会窗”的大小

机会经常被称为一个“窗户”。也就是说，它是真实存在的，但它不是永远敞开的。随着时间的推移，市场以不同的速度增长，市场变化更大，确定市场的难度更大，因此时机的选择很重要。同时要了解“窗户”打开的时间范围，能否在“窗户”关闭之前把握和抓住机会。

3. 创业者的个人能力和目标

对于任何投资创业的人来说，是否愿意承担风险是一个重要的问题。个人的动机是创业者的本质特征。因此，除非一个人真的想要创办一个企业，否则他（她）是不会愿意承担风险的。相关的另一个问题就是潜在的创业者是否具备创业必需的能力，包括知识、技能和特质等各方面。如不具备，他们是否能够学习并提高这些能力。许多小企业的管理者都是基于他们的能力才创办企业的，这不仅对于创业成功十分重要，也关系创业者的幸福和快乐。

4. 管理团队

在许多风险投资尤其是涉及大量资金、高风险、成熟的市场、激烈的竞争等特点的投资中，管理团队是一个衡量投资吸引力的重要标尺。该团队在相同或相关行业和市场中的技能和经验通常决定了企业的成败。这就解释了风险投资者（为企业提供资金的人）非常强调管理因素的原因，他们经常说，与其投资一个产品或服务优异但管理不善的企业，不如投资一个产品或服务一般但管理有序的企业。

5. 竞争

一个能吸引人的机会必须具备某些竞争优势。例如，与市场中同类产品相比成本更低或质量更好。另外，进入市场的壁垒问题，即需要大量的资金投入、保护（如专利权）、合同优势等，是决定投资或不投资的重要因素。换句话说，如果一个企业不能避免潜在竞争者进入市场，或者企业本身有很多进入市场的壁垒，那么这个机会就没有吸引力了。

6. 资金、技术和其他必需的资源

掌握可用的资金、技术和其他必需的资源将决定企业是否可以利用某个机会。一般的规则：如果某个想法、产品或服务在某个地区有一定的市场，条件难被满足，那么掌握了可用的资金、技术和其他必需的资源企业也就具有了吸引力。比如，销售一个专利产品并不能保证一定成功，但是它的确形成了强大的竞争优势。

7. 环境

企业的外部环境对于机会的吸引力有着深远的影响。我们谈及的环境不仅指的是自然环境，还包括政治、经济、法律等社会环境。政治的不稳定性，致使很多国家的商业机会不具有吸引力，特别是当需要很高的投资且投资回收期很长的时候。类似的还有通货膨胀、外汇汇率波动和司法系统不健全等，哪怕回报率很高，也不利于吸引投资。缺乏可用的基础设施和服务，如道路、水电、通信、运输、学校、医院等，也会影响一些地区商业机会的吸引力。

8. 可行性研究和创业计划

讨论和调查上述因素的过程就是经常提到的可行性研究。投资者和贷款人都要考虑到以上相关问题并以创业计划书的形式展现出来。一个市场论证严密、文字表述清晰、内容简洁有效的创业计划书也在评估的范围内。

（二）创业机会评价技巧

创业机会评价有利于创业者应对并化解环境的不确定性，但是由于创业机会评价具有特殊性，常规的市场研究方法不一定完全适用于创业机会评价，尤其是对于原创性创业机会的评价。因此，学习了解科学的创业机会评价技巧就显得十分重要。创业的核心产品和所面对的市场，属于创业机会的自然属性，它们显然不依赖于创业者自身或者创业机会的其他特征而客观存在。因此，我们认为对于创业者所选择的创业机会来说，主要存在两个客观的考察维度。

1. 市场层面维度

市场层面维度主要是指创业者所面临的市场环境的特征，包括市场的成长性、规模、市场竞争程度，是否拥有良好的市场网络关系等。无论你的公司经营什么，都必须了解行业及其市场竞争状况。行业及市场竞争分析是对公司商业生态环境的重要层面做战略性的评估。行业之间在经济特点、竞争环境、未来的利润前景等方面有着重大的区别。

行业经济特性的变化取决于下列各个因素：行业总需求量和市场成长率、技术变革的速度、该市场的地理边界（区域性的？全国范围的？）、买方和卖方的数量及规模、卖方的产品或服务是统一的还是具有高度差别化的、规模经济对成本的影响程度、到达购买者的分销渠道类型。

行业之间的差别还体现在对下列各因素的竞争重视程度：价格、产品质量、性能特色、服务、广告和促销、新产品的革新。在某些行业中，价格竞争占统治地位，而在其他行业中，竞争的核心却可能集中在质量上，或集中在产品的性能上，或集中在品牌形象与声誉上。

一个行业市场的经济特性和竞争环境以及它们的变化趋势往往决定了该行业未来的利

润前景，对于那些毫无吸引力的行业，最好的公司也难以获得满意的利润；相反，颇有吸引力的行业中，弱小的公司可以取得良好的经营业绩。

2. 产品本身维度

产品本身维度主要指产品本身的技术优势，包括产品的技术是否存在进入壁垒、产品技术是否有成本优势、技术优势能否持久等。

根据这两个维度，可以建立一个坐标轴，纵向为市场特征，横向为产品本身的技术先进性。为了方便对问题的分析，将市场优势和产品的技术优势分为强、弱两种。这样，对创业机会的评价可以大致分为四类。

创业机会不同维度的建立，可以直观地分析和比较不同创业机会的实际开发成长过程。这一过程，实际上也正是创业者制定创业战略，促进新创企业良性成长的过程。因此，在创业战略的制定过程中，需要对于创业机会深入分析，不同的创业机会需要不同的创业战略来支持，才能获得较好的成功。故而，创业机会的特征对于创业战略的制定具有重要的导向作用。尽管这里直观地将机会分为四种类型，然而，在实践中，它们的应用程度各不相同。

Ⅰ型的创业机会市场特征和产品特征俱佳，然而，这样的机会常常转瞬即逝，大量的市场追随者使得市场优势不再，或者是技术的飞速发展使得原有的技术优势很快成为过去，即从Ⅰ型变成Ⅱ型、Ⅲ型甚至是Ⅳ型的创业机会。Ⅳ型的机会在市场和产品两个维度上都不具备优势，创业者最好暂缓创业，等待市场进化或者技术发展到一定程度再开发创业机会。

因此，在实践中真正用于创业的机会主要是集中于Ⅱ型、Ⅲ型的创业机会，对于这两种类型机会的研究最具借鉴意义，下文也主要集中考察Ⅱ型、Ⅲ型的创业机会。为直观地说明创业机会与创业战略之间的关系，这里提出一个机会导向的创业战略制定模式。根据这一分析模式，本书认为，在分析创业者的可行战略规划时，首先要考虑的是创业者拥有的创业机会的特征，如图 5-1 所示。

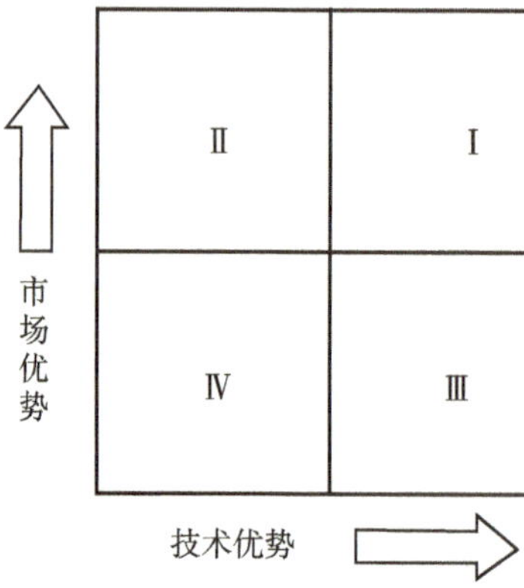

图 5-1　创业机会的四种评价类型

能力训练

用 SWOT 法分析创业风险

（一）用 SWOT 法分析创业风险

通过利用 SWOT 法对创业风险进行分析，使大学生能够真正认识到创业风险及其利弊，能够从本质上去对待创业风险。

	创业风险
具有的优势（S）	
缺陷（W）	
所暗示的机会（O）	
潜在的威胁（T）	

（二）制定防范措施

以小组为单位进行讨论，通过对创业风险进行分析，来制定相应的防范措施。

1. 从行业环境角度：________________

2. 从市场发展走向角度：________________

3. 从影响因素角度：________________

4. 从竞争指数角度：________________

（三）总结并汇报

通过对创业风险进行分析，在小组同学之间进行讨论，并撰写一篇有关创业风险不少于 400 字的报告，选出一名代表，进行汇报。

____

____

____

第六章　创业资源与创业融资

案例导入

王磊，一个充满活力和创意的年轻人。他一直对时尚产业充满热情，并看到了电商领域的巨大潜力。然而，和许多初出茅庐的创业者一样，王磊在资源和融资方面面临着巨大的挑战。

王磊的创业计划是打造一个专注时尚潮流的电商平台。他深知，要想在竞争激烈的电商市场中脱颖而出，不仅需要独特的产品和创意，还需要足够的资金支持来推动项目的快速发展。

然而，王磊并没有雄厚的家庭背景或丰富的创业经验，他很难从传统的融资渠道获得资金支持。于是，他开始尝试通过社交媒体和网络平台来展示自己的创业计划，并寻求志同道合的投资者和合作伙伴。

在这个过程中，王磊遇到了一位天使投资人。这位投资人被王磊的热情和对时尚产业的深刻洞察所吸引，决定为他提供初步的资金支持。虽然这笔资金并不足以支持项目的全面开展，但它为王磊提供了宝贵的启动资金，让他能够开始组建团队、搭建平台并进行初步的市场调研。

有了资金的支持，王磊开始积极寻找各种资源来推动项目的进展。他与时尚品牌合作，争取获得独家代理权；他与设计师合作，共同开发独具特色的时尚产品；他还与物流公司合作，确保产品的快速配送和优质的售后服务。

在团队的共同努力下，王磊的电商平台逐渐在市场中崭露头角。他们通过精准的市场定位和创新的营销策略，吸引了大量的年轻用户，并在短时间内实现了快速增长。

随着业务的不断扩展和市场份额的逐步增加，王磊的电商平台开始引起更多投资者的关注。一些大型投资机构纷纷向他伸出橄榄枝，希望与他合作共同推动项目的发展。

（资料来源：https：//www. sohu. com/a/317859192_ 120051417，有改动）

学习目标

了解创业资源的种类；
熟悉创业资源的获取途径；
了解创业融资的内涵和渠道。

第一节　创业资源的获取与分析

一、创业资源概述

（一）创业资源的内涵

常言道，“巧妇难为无米之炊”，创业需要资源。创业资源是指能够支持创业者进行创业活动的一切东西，是创业者的创业活动顺利进行的支持性资源，包括有形与无形的资产。如果不能获得这些创业资源，即使看到了商机，也只能“望（商）机兴叹”。因此，在创业过程中，应当积极拓宽创业资源的获取渠道。

（二）创业资源的种类

1. 按其来源分类

创业资源按其来源可以分为自有资源和外部资源。

（1）自有资源

自有资源是指创业者或创业团队自身所拥有的可用于创业的资源，如自有资金、自有技术、自己获得的创业机会信息、自建的营销网络、控制的物质资源或管理才能等。自有资源可以内部培育和开发，企业可通过一定的方式在内部开发无形资产、培训员工、促进内部学习，从而获取有益的资源。

（2）外部资源

外部资源是指创业者从外部获取的各种资源，包括从朋友、亲戚、商业伙伴或其他投资者筹集到的投资资金、经营空间、设备或其他原材料等，或通过提供未来服务、机会等换取到的资源。外部资源是实现企业成长的重要来源。企业受自有资源“瓶颈”的影响，需要吸取适合本企业发展的新鲜资源，其中的关键是拥有资源的使用权并能控制或影响资源的部署。自有资源（特别是技术和人力资源）的拥有状况会影响外部资源的获得和运用。

2. 按其存在形态分类

创业资源按其存在形态可以分为有形资源和无形资源。

（1）有形资源

有形资源是具有物质形态的，价值可用货币度量的资源，如组织赖以存在的自然资源、建筑物、机器设备、原材料、产品、资金等。

（2）无形资源

无形资源是具有非物质形态的，价值难以用货币精确度量的资源，如信息资源、人力资源、政策资源，以及企业的信誉、形象、专利、商标等。无形资源往往是使有形资源更好地发挥作用的重要手段。

3. 按其对企业成长的作用分类

按照资源对企业成长的作用，我们将其分为两大类：对于直接参与企业日常生产、经营活动的资源，称为要素资源；对于未直接参与企业生产，但可以极大地提高企业运营有效性的资源，称为环境资源。表 6-1 是要素资源和环境资源的具体类别及内容。

表 6-1　创业资源的种类

资源种类		具体内容
要素资源	人力资源	创业者，创业团队的知识、经验、智慧、判断力、人际关系
	财务资源	银行贷款、风险投资、政策性的低息或无偿扶持基金、租金等
	物质资源	创业或经营活动所需的有形资产，如厂房、土地、设备
	技术资源	关键技术、制造流程、作业系统、专用生产设备
	管理资源	企业诊断、市场营销策划、制度化和正规化企业管理的咨询等
环境资源	品牌资源	借助大学或优秀企业的品牌、科技园或孵化器的品牌以及社会上有影响力的人士对企业的认可等
	市场资源	经营许可权、销售渠道、顾客关系等
	政策资源	政府扶持政策、与政府的关系
	信息资源	宣传和推介信息、中介合作信息、采购和销售渠道信息等
	组织资源	企业的战略规划、员工开发、评价和报酬系统等

二、创业资源的获取

（一）创业资源的获取途径

1. 通过市场途径获取创业资源

通过市场途径获取创业资源包括购买和联盟两种。

（1）购买

购买是指利用财务资源通过市场购入的方式获取外部资源，主要包括购买厂房、设备等物质资源，购买专利和技术，聘请有经验的员工及通过外部融资获取资金等。需要注意的是，诸如知识尤其是隐性知识等资源虽然可能会附着在非知识资源之上，通过购买物质资源（如机器设备等）得到，但很难通过市场直接购买，因此，需要新创企业通过非市场途径去开发或积累。

（2）联盟

联盟是指通过联合其他组织，对一些难以或无法自己开发的资源实行共同开发。但联盟的前提是联盟双方的资源和能力互补且有共同的利益，能够对资源的价值及其使用达成共识。

2. 通过非市场途径获取创业资源

通过非市场途径获取创业资源包括资源吸引和资源积累等。

（1）资源吸引

发挥无形资源的杠杆作用，利用新创企业的商业计划和创业团队的声誉，通过对创业前景的描述来获得或吸引物质资源、技术资源、人力资源和资金等。

（2）资源积累

利用现有资源，在企业内部通过培育形成所需的资源。主要包括自建企业的厂房、设备，在企业内部开发新技术，通过培训来增加员工的技能和知识以及通过企业的自我积累获取资金等。

显然，创业者的自有资源往往是通过非市场途径获取的。由于起步阶段的创业者往往囊中羞涩，很难通过购买的方式获取创业所需的各种外部资源，因而非市场途径——通过社会关系，用最小的代价获取创业资源成为创业者的首选，甚至无偿获取创业资源也并非不可能。

（二）影响创业者资源获取的因素

资源获取是在识别资源的基础上，得到所需资源并用于创业过程的行为。对于新创企业而言，是否能够从外界获取所需资源，取决于资源所有者对创业者或创业团队的认可，而这一认可在很大程度上取决于创业项目的商业价值。创业项目为资源获取提供了杠杆，一个能被资源所有者认同的、有价值的创业项目，才有助于降低创业者获取资源的难度。除了创业项目的商业价值，影响资源获取的因素还有很多，其中主要因素有社会网络、创业者（创业团队）先前的工作经验、创业者的管理能力和资源整合能力等。

经典案例

王敏是一位在市场营销领域有着丰富经验的专家。她曾在一家大型跨国公司的市场部担任要职，负责制定营销策略、管理品牌形象以及拓展市场份额。在这段工作经历中，王敏深入了解了市场动态和消费者心理，并熟练掌握了多种营销手段和技巧。

后来，王敏决定利用自己的经验和专长，创办一家专注于高端定制旅游服务的公司。她发现随着人们生活水平的提高，越来越多的人开始追求个性化的旅游体验，而市场上的定制旅游服务却供不应求。于是，她决定抓住这个商机，创办一家能够满足消费者个性化需求的旅游公司。

在创业过程中，王敏充分发挥了先前在市场营销领域的工作经验。她准确地把握了市场需求和消费者心理，制定出了一系列有效的营销策略，成功吸引了大量潜在客户。同时，她还利用自己的人脉资源，与多家知名旅游机构建立了合作关系，为公司的业务拓展提供了有力支持。

由于王敏的专业能力和先前工作经验的加持，她的旅游公司在短时间内就取得了显著的成果，逐渐在市场中树立起了良好的口碑。

（资料来源：https：//blog. sina. com. cn/s/blog_ c0c35c53010302v6. html，有改动）

1. 社会网络

社会网络是多维度的，能够提供企业正常运转所需的各种资源，也是新创企业最重要的资源获取来源之一。社会网络是隐性知识传播的重要渠道，它能通过促进信息的快速传递而协助组织学习，同时还可以大大降低企业的交易成本，帮助获取与企业需求相匹配的资源，因此对于创业资源的获取具有重要意义。

由于大学生大部分的时间是在学校内学习，因此他们很少有机会接触社会，这就造成了大学生的社会网络中几乎没有政府网络、商业网络的存在。因此，大学生创业者应注意加强关系网络的维护和利用。关系网络的主体通常以家庭、亲戚、朋友为主，与这些关系频繁、密切接触，能使大学生创业者更易获取资金、技术、人力等运营资源和有益的创业指导和建议。不同的社会网络和网络地位，为人们之间的沟通与协作提供了不同的渠道。在社会网络中处于优势地位的创业者，有较好的社会关系网络，能有针对性地对不同对象传递商业创意的不同方面，能有目的地获取不同资源所有者的不同理解和信任，最终能成功地从不同网络成员那里获取所需的不同资源，从而为自己的创新创业奠定基础。

2. 创业者（创业团队）先前的工作经验

创业者（创业团队）先前的工作经验分为创业经验和行业经验两大类。其中，创业经验是指创业者先前创建过新的企业或组织，在此过程中所获得的感性和理性的观念、知识和技能等。它提供了诸如机会识别与评估、资源获取和公司组织化等方面的信息。行业经验是指创业者在某行业的工作经历，它提供了有关行业的规范和规则、供应商和客户网络、雇佣惯例等信息。

创业过程本身就是一个知识转移的过程。从先前创业经验中转移来的知识能够提高创业者有效识别和处理创业机会的能力，有助于发现、获取创业资源。拥有创业经验的创业者有一种“创业思维定式”，驱使他们寻求和追求那些最好的机会。在不确定的时空条件下，先前的创业经验提供了有利于对创业机会做出决策的隐性知识，这种隐性知识可以通过创业者转移到新创立的组织里。因此，创业者拥有较多的创业经验就更容易获得可取的特定机会，并能从更多的途径获取创业资源。此外，先前的创业经验还提供了帮助创业者克服新企业面临新困难的知识。这些都能够帮助创业者规避风险，增强他们的资源获取能力。

3. 创业者的管理能力

创业资源获取的关键往往取决于企业的软实力。创业者的管理能力是企业软实力的主要表现，管理能力越高，获取资源的可能性越大。创业者的管理能力可以从其沟通能力、激励能力、行政管理能力、学习能力和外部协调能力等多方面予以衡量。

良好的沟通能力可以使创业团队表现出坚强的凝聚力，拥有更强的行动力，从而使创业团队更容易获取必要的外在资源。团队激励与合作有助于企业综合能力的提升，产生团队外溢效果，使创业团队能够获取必要的资产和资源。较强的行政管理能力有利于创业者将各种资源进行较完美的匹配与组合，使企业的正常运作更有效率，企业因而会根据成员的要求和组织发展的需要，去吸引更多的人力资源和其他无形资产。学习能力则可以使创业者不断地提升自身的管理能力，使创业者了解外部市场的变化和新创企业内部的需求，对其做出理性判断，并运用一定的方式获取企业所需的资源。外部协调能力是创业者个人才能的对外应用，创业者的外部协调能力越强，与合作者达成一致的可能性就越大，创业者就可以利用外部资源为企业服务，为企业创造良好的发展环境。

4. 创业者的资源整合能力

资源整合能力是指创业者在创业过程中，以人为载体，在资源整合过程中表现出的对资源的识别、获取、配置和利用的能力。创业资源在未整合之前大多是零散的、一般性的商业资源，要发挥其最大的效用，使其转化为竞争优势，为企业创造新的价值，就需要新创企业运用科学的方法将不同来源、不同效用的资源进行优化配置，使有价值的资源充分整合起来，发挥“1+1>2”的放大效应。

（三）创业资源获取的技能

蒂蒙斯认为，成功的创业活动必须对机会、创业团队和资源进行最适当的匹配，并且随着事业的发展而不断进行动态平衡。创业过程由机会启动，在创业团队建立以后，创业者就应该设法获得创业所必需的资源，这样才能顺利实施创业计划。为了合理获取、利用资源，创业者往往需要制定设计精巧、用资谨慎的创业战略，而创业团队则是实现创业目标的关键组织要素，为此创业者或创业团队必须具有高超的领导力和沟通能力，能够适应市场环境的变化，而沟通能力是其中尤为重要的一种能力。

人际沟通能力是指通过情感、态度、思想、观点的交流，建立良好协作关系的能力。有效性和适当性是评价人际沟通能力的重要指标。有效性，即沟通行为有助于个人目标、关系目标实现的程度；适当性，即沟通行为与情境和关系保持一致的程度。

沟通技巧是指参与沟通的人具有收集和发送信息的能力，能通过书写、口头与肢体语言等媒介，有效与明确地向他人表达自己的想法、感受与态度，也能较快并正确地解读他人的信息，从而了解他人的想法、感受与态度。沟通技巧涉及许多方面，如简化运用语言、积极倾听、重视反馈、控制情绪等。虽然拥有沟通技巧并不意味着一定会成功获取创业资源，但缺乏沟通技巧一定会使创业者遇到许多麻烦和障碍。

在获取资源的过程中，与各方沟通是必不可少的，因此创业者及其团队必须与各方建立顺畅的沟通机制，应派出有一定沟通能力的团队成员负责与各方沟通，这是获取创业资源成功的关键因素。

经典案例

张华是一家小型科技公司的项目经理，他负责推进一项重要的技术研发项目。然而，由于公司规模有限，资源相对匮乏，张华需要向其他部门或合作伙伴寻求支持和资源，以推动项目的顺利进行。

起初，张华尝试通过邮件和会议的方式向相关部门提出需求，但效果并不理想。很多部门对他的请求持保留态度，担心资源的分配会影响他们自己的工作。

面对这种情况，张华意识到单纯的信息传递是不够的，他需要加强自己的沟通能力。于是，他开始主动与其他部门的负责人进行面对面的沟通，深入了解他们的需求和顾虑。

在与各个部门的负责人沟通时，张华不仅详细地介绍了项目的背景、目标和重要性，还耐心地听取了他们的意见和建议。他通过积极的倾听和反馈，逐渐消除了他们的疑虑和担忧，并建立起相互信任的关系。

最终，在张华的努力下，各个部门纷纷表示愿意提供支持和资源，帮助项目顺利推进。有了这些资源的支持，张华的项目进展顺利，并最终取得了成功。

这个故事再次强调了沟通能力在获取资源方面的重要性。通过有效的沟通，张华成功地争取到了其他部门的支持和资源，为项目的成功打下了坚实的基础。

无论是人与人之间，还是企业与企业之间的良好感情的建立，都是双方持续不断地顺畅沟通的结果。创业者获取资源、整合资源的过程就是与新创企业内、外部资源供给者充分沟通的过程。在企业外部，创业者需要与投资者、银行、媒体、同行从业者、消费者、供应商等通过沟通建立联系，获得信任，消除利益分歧，争取对方的扶持与帮助，取得共赢的结果；在企业内部，创业者需要通过顺畅沟通，鼓舞士气，吸引人才，留住人才，进而提升企业运营绩效。

（资料来源：张雪黎，刘安卿．大学生创新创业教程［M］．北京：人民邮电出版社，2017.）

拓展阅读

大学生创业者资源盘点

随着社会政策的导向，越来越多的大学生参与到创业活动中。在创业之前，创业者有必要盘点自己拥有的资源。

1. 创业者的内部资源

（1）现金资产

创业者本人（还可能包括其家庭）可以随时支配的现金和银行存款。请注意是“可以支配”的，创业要取得全家的支持，也要为家庭的生活留有余地。易于变现的国债、股票等也可以视同现金资产。

（2）房产和交通工具

这种资源一方面可以作为创业的硬件资源，另一方面可以作为现金资产的补充，在需要的情况下，可以作为抵押品向银行或其他投资人申请融资。如果这些房产和交通工具是以按揭方式购置的，则要大打折扣。

（3）技术专长

技术专长包括已申请成功的发明专利、实用新型专利和外观专利，或者是某一领域公认的专家，如注册会计师、律师、高级美工师、设计师、工程师、医生、心理咨询师等；专有技术、科研成果或者对某个特定行业和领域的深入研究。

（4）信用资源

你有没有信用污点，如果没有，估计一下你能够通过你长期积累的信用资源干些什么事，或是有人根据你的信用愿意给你投资，或是有人愿意借钱给你，或是有人愿意为你铺货，至少有人愿意在你还没有付工资的情况下为你工作。

（5）商业经验

商业经验是指对市场经济和游戏规则的了解程度，尤其是你对将进入的行业的深入理解程度。行业之间的差异很大，各行业的关键成功因素都不一样，需要有深入的研究和实践才能积累足够的商业经验。

（6）家族资源

经济支持、创业指导、学习机会、人脉关系甚至是客户资源。即使家族资源非常丰富，也需要获得家族权威者的认可和支持，方能真正有效地利用好这些资源。

2. 创业者的职业资源

所谓职业资源，即创业者在创业之前，在为他人工作时所建立的各种资源，包括项目资源和人际资源。大学生在校期间虽然没有开始工作，但只要有意识地去整合校园的资源，高校的创业相关资源还是比较丰富的。大学生要积极地建立与高校教师之间的良好关系，以此来获得教师的支持甚至借用教师的个人资源。大学生应重点关注两类教师资源的积累：一是技术专家型，可以为大学生创业提供技术方面的指点和支持，以及研发设施资源的借用；二是创业专家型，能为大学生的创业提供商业方面的指导和支持。

3. 创业者的人脉资源

创业者外部资源最重要的一点可能是人脉资源，即创业者构建其人际网络或社会网络的能力。人脉关系对于创业之初非常关键。创业者的人际资源可分为同学资源和朋友资源。朋友犹如资本金，对于创业者来说是多多益善。“在家靠父母，出门靠朋友”“多一个朋友多一条路”是至理名言。一个创业者如果不能交朋友，没有一些高质量的朋友，恐怕很难发展。创业专家认为，人际交往能力应列在创业者素质的第一位。

第二节　创业融资

一、创业融资的内涵

（一）创业融资的概念

创业融资主要是指创业者筹集资金的行为与过程，即创业者根据自身的生产经营状况、资金拥有的状况以及未来经营发展的需要，采用一定的方式，从一定的渠道去筹集资金组织资金供应的行为。

（二）创业融资的作用

任何企业的生产经营都需要资金的支撑，对于新创企业来说，无论是进行产品研发还是产品的生产和销售，都需要投入大量的资金，如何有效融集资金是创业者极为关注的问题。创业者通过合理选择融资渠道和融资方式，降低资金成本，将创业企业的财务风险控制在一定范围之内。通过对企业不同发展阶段融资需求特点的分析，有利于创业者做出科学的融资决策，使得创业企业实现可持续发展。

二、创业融资渠道

如果你想组建一支创业团队，想注册一家公司，那就要考虑一个至关重要的问题——你创业的第一桶金从哪里来？长期以来，这个问题困扰着无数的创业者。或许对于部分起点高的人而言，他们能够通过各种渠道迅速找到创业的突破口，挣得第一桶金，但对于仅凭满腔热血创业的普通创业者来说，赚取第一桶金几乎难如登天。正如古戏所唱“一文钱买鸡蛋、蛋变鸡、鸡变蛋能变个没完”，而大多数人就差那一文买蛋钱。然而，钱是有的，关键是到哪里去找。

很多创业故事已经告诉我们，富裕的启动资金绝对会帮助我们在创业路上少走一些弯路。这里总结了10种获取启动资金的渠道。

（一）自我筹资

总的来说，成功的企业家的创业资金有30%来自自己的积蓄。创业初期团队成员依靠自身的筹资，往往具备了初期项目启动的能力。同时自筹资金也是一种自我承诺，极大地坚定与鼓舞了团队士气。

一般来说，大学生创业初期所选择的项目及投入都不会太大，所以创业的第一桶金大部分是由几个股东一起凑起来的，单人的资金基本上是自筹的。从萌生创业想法到最终付诸实践，其间总会有机会让你攒下积蓄。“先打工赚钱，再出来创业”也成了许多创业者规划的路径。

（二）向父母、亲朋好友融资

向家人、朋友借钱，应该是很多创业者采取的方法。这种方法有优势也有劣势。优势是成功概率高，投资和利息条件更优惠，并能够更快地拿到钱。劣势是容易出现纠纷，父母可能会插手公司事务；如果创业失败，可能一辈子会对他们有负罪感。向父母借钱时不要超出他们的损失承受能力。你当然希望可以借到足够创一番事业的钱，但要考虑到如果你创业失败，可能会给家人带来很大的麻烦。

（三）股东融资

共同参与的所有股东，合伙筹集启动资金。不少人选择合伙创业的方式来减轻创业初期的资金压力，人多力量大，一个人出几万元，启动资金很快就能凑齐。这种方法有优势也有劣势。优势是容易共同前进，达成统一利益共识；劣势是当出现亏损时股东承受不住压力而撤资，会影响士气。

（四）创业贷款申请

针对每年扶持创业政策进行申请，以获得当地政策与资金的扶持。这种方法有优势也有劣势。优势是创业贷款资金使用压力较小，有贴息、免息等政策；劣势是获得扶持的难度较大，申请数量较多。

（五）加入孵化计划/赢取创业基金

每年有大量的社会公益机构，针对创业者开展大赛、论坛，经过评委评定，发放部分资金帮助创业者。这种方法有优势也有劣势。优势是获得的扶持资金可享有免偿或免息政策；劣势是公益机构创业扶持评审周期长。

很多城市的创业园区、政府机构有为创业者提供创业基金的政策和孵化器以及办公场所和初始基金；一些知名创业扶植服务机构、基金也会定期举办创业大赛、Demo活动。用赢取创业基金的方式筹集创业的“第一桶金”，不失为一个高效、可行的办法。但同时也要求创业者具备足够的实力，从众多申请者中脱颖而出。

如创业邦推出的“创新中国孵化计划”，由创业邦天使基金会为每家入孵企业提供

50 万～200 万元的启动资金，帮助创业企业度过早期最艰难的时刻。

（六）天使投资

天使投资是自由投资者或非正式风险投资机构对处于构思状态的原创项目或小型初创企业进行的一次性的前期投资。天使投资虽然是风险投资的一种，但两者有着较大差别：天使投资是一种非组织化的创业投资形式，其资金来源大多是民间资本，而非专业的风险投资商；天使投资的门槛较低，有时即便是一个创业构思，只要有发展潜力，就能获得资金，而风险投资一般对这些尚未诞生或嗷嗷待哺的“婴儿”兴趣不大。在风险投资领域，“天使”这个词指的是企业的第一批投资人，这些投资人在公司产品和业务成型之前就把资金投入进来。天使投资人通常是创业者的朋友、亲戚或商业伙伴，由于他们对该创业者的能力和创意深信不疑，因而愿意在业务远未开展之前就投入大笔资金。

天使投资具有以下特征。

（1）天使投资的金额一般较小，而且是一次性投入，它对风险企业的审查并不严格，更多的是基于投资人的主观判断或者是由个人的好恶所决定的。通常天使投资是由一个人投资，并且是见好就收，是个体或者小型的商业行为。

（2）很多天使投资人本身就是企业家，了解创业者面对的难处，是起步公司的最佳融资对象。例如在硅谷，相当多的天使投资人是那些成功创业的企业家、创业投资家或者大公司的高层管理者，他们不仅拥有一定的财富，而且有经营理财或者技术方面的特长，对市场、技术有敏锐的洞察力。

（3）天使投资人不但可以带来资金，而且能带来关系网络。如果他们是知名人士，还可提高公司的信誉。天使投资往往是一种参与性投资，也称为增值型投资。

一般而论，一个公司从初创期到稳定成长期，需要三轮投资。第一轮投资大多来自个人的天使投资，作为公司的启动资金；第二轮投资往往会有风险投资机构进入，为产品的市场化注入资金；而最后一轮投资则基本是上市前的融资，来自大型风险投资机构或私募基金。

中国天使投资人目前已渐成规模，对中国创业起到了很好的促进作用。由于不同的天使投资人有各自相对鲜明的投资判断准则、投资风格、专注的投资领域，所以大学生创业者想成功地获得天使投资人的青睐，顺利拿到风险投资，就必须对此有所了解。国内著名天使投资人的投资风格如表 6-2 所示。

表 6-2　国内著名天使投资人的投资风格

投资人	投资判断准则	投资风格	投资领域	主要投资项目
蔡文胜	团队是第一要素 方向要对 要有好的执行速度 要有一定的用户规模	对草根创业者比较偏爱 投资的阶段更早 投资速度很快 投资规模一般在几十万元到 500 万元，会占 10%～30%股份	互联网、游戏	暴风影音、网际快车、ZCOM、58 同城、美图秀秀、大旗网、优化大师、易名中国

续表

投资人	投资判断准则	投资风格	投资领域	主要投资项目
雷军	能洞察用户需求，对市场极其敏感，最好是两三个优势互补的人一起创业 一定要有技术过硬并能带领队伍的技术带头人 低成本情况下的快速扩张能力 有创业成功经验的人加分 业务在小规模中被验证	一般只投熟人，不熟的人不投，或者只投很少的钱 帮忙不添乱，不是“控制型”天使 倾向于解决中国本土用户需求的项目	游戏、软件、移动互联网、电子商务	多玩游戏网、IS 语音、乐讯、7K7K、拉卡拉、乐淘、凡客诚品
徐小平	创业者对自己的项目要有理性的狂热及狂热的理性	投资判断非常感性，很多时候只会看人不会看报表 与其他大多数天使投资人“只投熟人，不熟不投”的投资风格不同，投资了很多陌生人 投资之后对企业和项目过问较少，不会太多干涉和介入企业的发展与运营	互联网	世纪佳缘、兰亭集势、聚美优品
周鸿祎	创业者是否能正确认识自己的才能，看清自己的缺陷 创业者的团队协作精神抗压能力，精神韧性	通常进行小份额战略投资 不寻求控股地位	互联网	迅雷、酷狗、火石软件

（七）商业银行贷款

商业银行贷款有个人生产经营贷款、个人创业贷款、个人助业贷款、个人小型设备贷款、个人周转性流动资金贷款、下岗失业人员小额担保贷款和个人临时贷款等类型。

目前各类银行都有针对中小企业的贷款政策，可供初创企业短期借贷使用。很多人认为找银行，金额大了批不下来，再加上对政策、手续不熟悉，觉得审查会很麻烦，投入的时间和精力成本有些不划算。但实际上，很多银行都设有小额担保贷款，在必要时可用于满足企业日常生产经营的资金周转，帮助创业公司突破“瓶颈”。

（八）众筹募资

众筹源于国外“crowdfunding”一词，顾名思义，就是利用众人的力量，集中大家的资金、能力和渠道，为小微企业、艺术家或个人进行某项活动等提供必要的资金援助。创业者可以把自己的产品原型或创意提交到众筹平台上，发起资金募集，由感兴趣的人来捐助指定数目的资金（捐助者可以在项目完成后得到一定的回馈，如这个项目制造出来的产品）。众筹最初是艰难奋斗的艺术家为创作筹措资金的一个手段，现已演变成初创企业和个人为自己的项目争取资金的一个渠道。众筹平台使任何有创意的人都能够向几乎完全陌生的人筹集资金，消除了从传统投资者和机构融资的许多障碍。互联网金融的兴起让许多人曾经以为不可能的事情成为可能。现在，有越来越多的国外创业者开始在 Kickstarter、Indiegogo 等众筹平台募集资金，国内也出现了很多出色的众筹平台，分属于股权式众筹、奖励型众筹、捐赠型众筹等不同形式。

知识拓展

股权式众筹

股权式众筹是指公司出让一定比例的股份，面向普通投资者。投资者通过出资入股公司，获得未来收益。这种基于互联网渠道而进行融资的模式被称作股权式众筹，还有一种解释就是"股权式众筹是私募股权式互联网化"。股权式众筹运营模式具有以下三种。

1. 凭证式众筹

凭证式众筹主要是指在互联网上通过卖凭证和股权捆绑的形式来进行募资，出资人付出资金取得相关凭证，该凭证又直接与创业企业或项目的股权挂钩，但投资者不成为股东。

2. 会籍式众筹

会籍式众筹主要是指在互联网上通过熟人介绍，出资人付出资金，直接成为被投资企业的股东。

3. 天使式众筹

与凭证式众筹、会籍式众筹不同，天使式众筹更接近天使投资或 VC 的模式，出资人通过互联网寻找投资企业或项目，付出资金直接或间接成为该公司的股东，同时出资人往往伴有明确的财务回报要求。

（九）担保机构融资（信用担保）

信用担保融资主要由第三方融资机构提供，是一种民间有息贷款，也是解决中小企业资金问题的主要途径。从 20 世纪 20 年代起，许多国家为了支持本国中小企业的发展，先后成立了为中小企业提供融资担保的信用机构。目前，国内中小企业信用担保融资机构已经有很多了。

（十）其他融资方式

其他融资方式有典当贷款、设备融资租赁、孵化器融资、集群融资、供应链融资等。

典当贷款：典当期限短则 5 天，长则半年，到期还可以延期；典当金额少则几百元，多则上千万元，由双方协商约定。小企业的扩张发展选择典当贷款，不失为一种有效的融资方式。

设备融资租赁：设备融资租赁是指出租人根据承租人对租赁物件的特定要求和对供货人的选择，出资向供货人购买租赁物件，并租给承租人使用，承租人则分期向出租人支付租金，在租赁期内租赁物件的所有权属于出租人所有，承租人拥有租赁物件的使用权。

孵化器融资：孵化器融资是指创业者通过与孵化器机构合作，获得资金支持和帮助实现创业项目的融资过程。创业者通过向孵化器提交商业计划书，赢得孵化器机构的关注和支持，从而取得资金投入。

集群融资：集群融资是指若干中小企业通过股权或协议建立集团或联盟，通过合力减少信息不对称，降低融资成本，相互帮助获取资金的一种融资方式。集群融资的方式主要包括中小企业集合债券、集群担保融资、团体贷款和通过股权联结建立内部资本市场。

供应链融资：供应链融资是把供应链上的核心企业及其相关的上下游配套企业作为一个整体，根据供应链中企业的交易关系和行业特点制定基于货权及现金流控制的整体金融解决方案的一种融资模式。

三、创业融资流程

创业的首要目的是赚钱，因此创业者要懂得经营、会理财，掌握一定的财务知识。

（一）启动资金的预测

1. 启动资金

启动资金是用来支付场地（土地和建筑）、办公家具和设备、机器、原材料和商品库存、营业执照和许可证、开业前广告和促销、工资以及水电费和电话费等的费用。

2. 启动资金的分类

一是投资（固定资产）。投资是指购置的价值较高，使用寿命超过 1 年，能在较长的生产经营期限内，为企业的生产经营提供连续服务的资产，如房屋及建筑物、场地装修、机器设备等。

二是流动资金。流动资金是指企业用于购买、储存劳动对象（或商品）以及占用在生产过程和流通过程中的那部分周转资金，简而言之，是指企业日常运转时所需支付的资金。如工资、原材料、租金、保险费、电费、办公费、交通费等。它的最大特点就在于随时变化。

三是开办费。开办费是指筹建期间发生的费用，包括人员工资、培训费、办公费、办证费等。

3. 启动资金的预测

创业需要多少资金是由创业者选择项目的种类、规模的大小、经营的位置等多种因素所决定。下面以小李和小王的小额投资项目为例进行说明。

（1）投资（固定资产）预测

小李和小王通过调查研究，决定以租房的方式开设一家定做皮鞋的店铺。将目标顾客锁定在 40~55 岁，收入在 1000~4000 元的中年男、女性身上，并通过比较确定了开设店铺的地点、面积和租金，对于制作皮鞋的工艺，因两人曾在皮鞋厂工作多年，掌握了较为成熟的技术，不需额外花钱学习。最后，他们商定了开店所需购买的物品并列出了清单，他们估算的开店启动投资如表 6-3 所示。

表 6-3 启动投资估算

项目	费用/元
店铺 4 个月租金（押一付三）	16000
店铺装修费	5000
小货车 1 辆	20000
电脑 1 台	3000

续表

项目	费用/元
固定电话 1 部	200
打印机 1 台	1000
桌椅 4 套	1200
鞋码模型 20 个	1000
皮料样品 2 捆	3000
办公用品	50
宣传广告费	400
市场调研费	250
筹建期间水电气费	600
启动投资总额	51700

根据以上估算，两人的启动投资为 51700 元。两人获得创业无息贷款 4.5 万元，需向银行贷款 2.5 万元，年利率为 12%，期限为 1 年，按季付息，到期还本。同时，两人决定筹办开店期间不要工资，也不雇佣店员。

注意：

①如果不是必须购买，像房屋、设备这种有折旧年限的资产要慎重购买。

②在创业之初不需要花费大量的资金搞宣传，要想通过宣传产生实际效益就需花费较长时间。

③为避免企业资金周转困难，应尽量留出更多的现金作为创业的储备资金。

（2）流动资金预测

企业开始营业后，一般要经过至少 3 个月的市场培育期，须持有一定量的流动资金，用于满足日常经营活动的需要。比如，购买生产所需的原料及代售商品，支付工资、租金、保险等费用。小李和小王的皮鞋店铺经两人初步估算，流动资金需求如表 6-4 所示。

表 6-4　流动资金估算

项目	费用/元
店铺 3 个月租金	12000
借款利息	750
汽油费	300
促销费	300
办公费	110
电话费	90
水电费	100
流动资金总额	13650

通过以上估算，小李和小王的皮鞋店铺需要的流动资金为 13650 元。

注意：

①适当的流动资金准备能从容应对各种费用的支付。对流动资金需求量的预测准确度

越高，用于储备的流动资金量就越少。

②企业在创业初期，可能会遇到各种问题，可能会发生急需流动资金的情况，为预算更加准确，你必须制订一个具有一定弹性的现金流量计划，必要时进行修正，尽量做到更加准确。

所以，该皮鞋店铺创业企业所需的创业资金总额为：

启动投资+流动资金＝51700 元+13650 元＝65350 元

（二）制订利润计划

通过前面的学习，你已了解了如何估算创办企业的资金需求，尽管创办了企业，但是你的企业一旦运转起来能获得利润吗？因此，我们还需要制订一个利润计划。

制订利润计划包括的内容如下。

（1）制定销售价格——卖出商品要顾客付多少钱。

（2）预测销售收入——一段时间里（12 个月）能回笼多少钱。

（3）制订销售成本计划——卖出商品之后是赚了还是赔了。

（4）制订现金流量计划——要保证企业在运转中不会因缺钱而被搁浅。

1. 制定销售价格

你必须计算出企业为顾客提供产品或服务所产生的成本，才能制定合理的销售价格，保证企业正常运转。

制定销售价格主要有两种方法：成本加价法和竞争比较法。

（1）成本加价法。将制作产品或提供服务的全部费用加起来，就是成本价格。然后加上一定百分比的利润，就是销售价格。例如，一个台灯制造成本是 20 元，加 10%的利润出售，定价为 22 元。

图 6-1　创业成本

如图 6-1 所示，所列出的企业成本分为两类：固定成本与可变成本。

固定成本：基本不变的成本，如租金、保险、营业执照等。

可变成本：随着生产或销售的起伏而变化，如材料费等。

本例中创办皮鞋店铺购买牛皮等原料的成本就是可变成本。

此外，还有一种特殊的成本就是折旧。由固定资产不断贬值而产生的成本，如设备车辆。本例中，可以进行折旧的固定资产不多，就是新买的小货车、电脑和桌椅、模型等。他们认为，小货车可使用 10 年（120 月），按 10 年折旧；电脑、打印机、固定电话等设备和桌椅、鞋码模型、皮料样品和办公用品等按 5 年折旧；店铺约 5 年后需重新装修；前期开办费（筹建期间的宣传广告费和市场调研费）也可照此摊进成本，定为 9 个月回收。

小货车折旧费＝20000 元÷120 月＝167（元/月）

工具设备+办公家具折旧费＝（4200 元+5250 元）÷60 月＝157.5（元/月）

店铺装修待摊费＝5000 元÷60 月＝83.3（元/月）

前期开办摊销费＝650 元÷9 月＝72.2（元/月）

由公式可知，第一年每个月提留固定资产折旧和开办费、装修费摊销共 480 元。

下面我们来计算单位产品或服务的成本价格，经测算，一个月定做 100 双皮鞋的总成本如表 6-5 所示。

表 6-5　成本价格估算

项目	费用/元
店铺租金	4000
贷款利息	250
汽油费	100
市场营销和促销费	100
电话费、水电费和办公费	100
折旧及开办、装修费用摊销	480
加工厂工时费（10 元/双）	1000
两人工资（每人工资底薪 500 元/月+设计费 5 元/双）	2000
皮料（100 元/米，一双皮鞋用 0.2 米）	2000
月成本总计	10030

由表 6-5 可知，皮鞋单位成本＝月总成本/皮鞋产量＝10030 元÷100 双＝100.3（元）≈100（元）

据 2 人估算，成本加 25%利润制定销售价格，可在最短时间内收回成本。

因此：

不含税的零售单价＝100 元×（1+25%）＝125（元）

含增值税的零售价格＝125 元×（1+6%）＝132.5（元）≈133（元）

（2）竞争比较法。在定价时，除考虑成本因素外，还需要了解当地同类商品或服务的价格，以证明你的定价是否具有竞争力。

小李和小王制定皮鞋的价格要有竞争力才能赢得市场。他们在进行市场调研时了解到类似产品的售价在 110~250 元。因此，含税的价格定在 133 元左右比较容易进入市场，以成本价 100 元计算，他们可获得 24.8%的毛利。

对于新企业来说，定价是整个经营环节中最为重要的环节。我们应同时用成本加价和竞争比较这两种方法来制定价格。一方面，要严格核算成本，保证定价高于成本；另一方面，要比较同类产品价格，保持你的竞争力。

2. 预测销售量和销售收入

预测销售量和销售收入是准备创业计划中最重要的部分，一般在创办企业的前几个月销量不会太大。在销量预测的基础上，根据销售量算出你的销售收入。不同企业的不同销售预测都可采用以下步骤。

（1）列出你的产品、服务的清单。

（2）根据市场调查，预测一年中每个月的产品销售量。

（3）为你的每项产品制定价格。

（4）用销售单价乘以月销售量计算该项产品的月销售额。

小李和小王定制皮鞋店铺的销售收入预测如表 6-6 所示。

表 6-6　销售量和收入预测

月份	4	5	6	7	8	9	10	11	12
预测销量/双	50	60	70	100	100	100	100	100	100
产品单价/元	133	133	133	133	133	133	133	133	133
含税销售收入/元	6650	7980	9310	13300	13300	13300	13300	13300	13300

3. 制订销售和成本计划

虽然已掌握了成本计算的方法，制定了销售价格，预测了销售收入，但为了掌握企业实际运转的情况，判断项目是否可行，还要计算出企业是不是有了利润，因此要测算出产品的销售价格、销量及有关税费，即编制企业的销售和成本计划。本例中两人商议，前 3 个月不拿工资，因此，他们的计划编制如表 6-7 所示。

表 6-7　企业的销售和成本计划

单位：元

项目	金额 \ 月份	4	5	6	7	8	9	10	11	12	合计
销售收入	含税销售收入	6650	7980	9310	13300	13300	13300	13300	13300	13300	130740
	增值税	375	450	525	750	750	750	750	750	750	5850
	净销售收入	6275	7530	8785	12550	12550	12550	12550	12550	12550	97890
经营成本	工资	—	—	—	2000	2000	2000	2000	2000	2000	12000
	营销和促销费	100	100	100	100	100	100	100	100	100	900
	店铺租金	4000	4000	4000	4000	4000	4000	4000	4000	4000	36000
	借款利息	250	250	250	250	250	250	250	250	250	2250
	汽油费	100	100	100	100	100	100	100	100	100	900
	电话、水电、办公费	100	100	100	100	100	100	100	100	100	900
	折旧及开办装修费用摊销	480	480	480	480	480	480	480	480	480	4320
	加工厂工时费（10 元/双）	500	600	700	1000	1000	1000	1000	1000	1000	7800
	原材料	1000	1200	1400	2000	2000	2000	2000	2000	2000	15600
	总成本	6530	6830	7130	10030	10030	10030	10030	10030	10030	80670
利润		−255	700	1655	2520	2520	2520	2520	2520	2520	17220

从表 6-7 中可以看出，该店铺第二个月开始便有了利润。

增值税 = 预测销量 × 税前单价 × 增值税率 6%

利润 = 净销售收入 − 总成本

4. 制订现金流量计划

对于创业者来说，现金流是稳健经营和扩大规模不可或缺的基础，它的大小直接反映企业的赚钱能力，因此创业者要重视流动资金的管理。两人计划从 4 月开始营业，但前期的现金进出也应纳入现金流量计划，如表 6-8 所示。

表 6-8　现金流量计划

单位：元

项目	金额\月份	3	4	5	6	7	8	9	10	11	12	合计
现金流入	月初现金	0	30150	30750	32380	35040	38790	42540	46290	50040	53790	—
	现金销售	0	6650	7980	9310	13300	13300	13300	13300	13300	13300	103710
	贷款	70000	—	—	—	—	—	—	—	—	—	70000
	业主投资	0	0	0	0	0	0	0	0	0	0	0
	可支配现金	70000	36800	38730	41690	48340	52090	55840	59590	63340	67090	—
现金流出	原材料现金采购	0	1000	1200	1400	2000	2000	2000	2000	2000	2000	15600
	工资	0	0	0	0	2000	2000	2000	2000	2000	2000	12000
	加工厂工时费	0	500	600	700	1000	1000	1000	1000	1000	1000	7800
	促销	100	100	100	100	100	100	100	100	100	100	1000
	电话、水电、办公费	300	100	100	100	100	100	100	100	100	100	1200
	汽油费	100	100	100	100	100	100	100	100	100	100	100
	租金	4000	4000	4000	4000	4000	4000	4000	4000	4000	4000	40000
	借款利息	250	250	250	250	250	250	250	250	250	250	2500
	开办费	650	0	0	0	0	0	0	0	0	0	650
	店铺装修费	5000	0	0	0	0	0	0	0	0	0	5000
	设备购买	4200	0	0	0	0	0	0	0	0	0	4200
	办公家具、皮料样品购买	5250	0	0	0	0	0	0	0	0	0	5250
	机动车购买	20000	0	0	0	0	0	0	0	0	0	20000
	增值税	0	—	—	—	—	—	—	—	—	—	—
	附加税费	0	—	—	—	—	—	—	—	—	—	—
	个人所得税	0	—	—	—	—	—	—	—	—	—	—
	现金总支出	39850	6050	6350	6650	9550	9550	9550	9550	9550	9550	116200
月底现金		30150	30750	32380	35040	38790	42540	46290	50040	53790	57540	—

上月底现金=下月初现金

可支配现金=月初现金+现金销售+贷款+业主投资

本月底现金=可支配现金-现金总流出

小李和小王通过制订现金流量计划表发现每个月的现金还算充裕，主要是他们的前期启动投资和流动资金预算做得好，因此在经营过程中没有出现资金短缺现象。从表6-8中看，年底有现金57540元，但并不都是利润，其中含前4个月两人未发放的工资以及来年年初应缴纳的税金。

（三）结合发展规划预测融资需求量

上述财务指标及报表的预估是创业者必须了解的财务知识，需要注意的是，融资需求量的确定不是一个简单的财务测算问题，而是一个将现实与未来综合考虑的决策过程，需要在财务数据的基础上，全面考察企业的经营环境、市场状况、创业计划以及内外部资源条件等因素。

能力训练

模拟预测启动资金

（一）选择模拟企业

尽可能从多个方面考虑，选择模拟的企业，填写表6-9的模拟企业情况表，以下是参考的考虑因素。

表6-9　模拟企业情况表

项目	计划
组织形式	
规模	
主营业务	
目标客户	

（二）启动资金预测

列出固定资产项目和流动资金项目的清单，填写表6-10的启动资金预测表，再测算每一类中每个物品的具体价格、每项工作的具体花费，最后求和。

表 6-10　启动资金预测表

类型	分类	清单	费用
固定资产	企业用地和建筑		
	设备	机器	
		工具	
		办公家具	
		……	
流动资金	开办费		
	原材料		
	工资		
	促销		
	……		

第七章　创业计划与商业模式

案例导入

成功的商业模式

携程旅行网（以下简称“携程”）是一家在线旅行服务公司，其总部设在上海。携程成功整合了高科技产业与传统旅游行业，为5000余万注册会员提供包括酒店预订、机票预订、度假预订、特惠商户及旅游资讯等在内的全方位旅行服务，被誉为互联网和传统旅游无缝结合的典范。

携程成立之初正处于我国旅游业发展的起步阶段，市场的集中度不高，边际资源丰富，缺的就是将市场和资源整合在一起的理念和行动。携程创始人看准时机，通过网络与传统资源相结合的方式，将现有资源进行整合，随即推出了网上酒店预订业务。携程选择了当时国内酒店预订规模最大的公司合作，规模效应很快开始显现，营业额直线上升。随着酒店预订业务的成功推出，携程又开始向行业的另一端——机票预订进军。由于携程拥有庞大、先进的呼叫中心和巨大的消费者群体，因此许多酒店、航空公司愿意将一部分市场外包给携程进行代理。

作为一个独特的资源整合者，携程的主营业务是“酒店+机票”预订，因此，其主要供应商是各大酒店和航空公司。而网站并不是客房和机票的提供者，它只是将相关信息汇总，并传递给需要这些信息的消费者。在整个交易过程中，携程只是充当一个中间者的角色，把供应商和消费者连接起来。

从携程的发展可以看出，其成功的关键在于与众不同的商业模式。

（资料来源：雷玉梅．大学生创新创业项目化教程［M］．浙江：浙江大学出版社，2023.）

学习目标

熟悉创业计划的内容；

掌握创业计划书的撰写与展示；

认知商业模式的类型；

掌握商业模式的构成要素。

第一节　创业计划的认识

一、什么是创业计划

创业是一项涉及面广、影响因素复杂多变的事业，要想取得创业的成功，就必须先对创业活动所涉及的所有环节进行周密安排与策划，并强调整个创业准备的过程。创业计划是创业者为实施创业活动所制订的行动纲领和实施步骤，是创业者计划创业业务的书面摘要。它用以描述与拟创办企业相关的内外部环境条件和要素特点，为业务的发展提供指示图和衡量业务进展情况的标准。

二、创业计划的作用

创业计划是创业的行动导向和路线图，既为创业者行动提供指导和规划，也为创业者与外界沟通提供基本依据。

1. 创业计划明确创业目标

有些创意听起来很好，但当把其所有细节都按照商业开发的模式想一遍，再进行认真分析的时候，你就会发现，这个项目并不是可行的创业项目。进行创业计划的过程，就是帮助创业者明确创业目标，厘清创业思路的过程。创业计划本质上是创业者对自身经营情况和能力的综合总结和展望，是企业全方位战略定位和战术执行能力的体现。

2. 创业计划体现创业行动

一项比较完善的创业计划，可以成为创业者的创业指南或行动大纲。创业计划与创业本身一样，是一个复杂的系统工程，它是企业对自身现状及未来发展战略全面思索和定位的过程。创业计划能反映创业者对项目的认识及取得成功的概率，它能展示出创业者的核心竞争力；最大限度地反映创业者如何创造自己的竞争优势，如何在市场中脱颖而出，如何争取较大的市场份额，如何发展和扩张，种种“如何”会构成创业计划的说服力。若只有远景目标、期望而忽视“如何”，则创业计划便成为一个“宣传口号”而已。

3. 创业计划募集外部资源

作为企业融资的必备条件，创业计划就如同上市公司的招股说明书，是一份对项目进行陈述和剖析、便于投资商对投资对象进行全面了解和初步考察的文件。好的创业计划不仅能吸引投资者，更能吸引高素质的创业伙伴。

三、创业计划的类型

经典案例

案例背景

讲述一个普通的大学生如何通过转化后进行创业并实现成功的故事。这位大学生名叫张明，来自一个普通家庭。毕业后，他一直在一家大型企业工作，但感到缺乏成就感和挑战性。他意识到自己具有创业的潜力，于是决定辞去工作，开始自己的创业之路。

创业过程

张明首先进行了市场调研，发现某个行业具有较大发展潜力，并且竞争程度相对较低。他决定进入这个行业，并根据市场需求开展产品研发。在研发过程中，他积极寻求合作伙伴，并聘请专业人士加入团队，确保产品的质量和竞争力。

随后，张明注重产品推广和市场营销，利用各种市场渠道扩大产品的影响力和知名度。他与行业内的重要人物建立联系，参加行业会议和展览，不断向市场传递自己的价值主张和产品优势。

创业成果

经过数年的努力，张明的公司逐渐取得了成功。他的产品开始在市场上占据一定份额，客户群体也逐渐扩大。公司的规模不断壮大，并逐渐建立了品牌形象。

（资料来源：https：//wenku. baidu. com/view/54e8a95aae51f01dc281e53a580216fc710a5340. html，有改动）

（一）综合创业计划

综合创业计划是全面实现创业战略的创业计划。如果创业者计划开发销售一种新产品，那么这份创业计划就需要涵盖产品的开发、生产、销售等各个方面的情况，其内容非常具体而烦琐。

（二）专项创业计划

专项创业计划是创业中的某一项目的专门计划，如创业融资计划、产品开发计划、市场开拓计划等，其中最重要的是创业融资计划，因为资金是能确保其他项目顺利开展的基石。专项创业计划为某一项目的发展定下比较具体的方向，从而使创业项目中的相关员工了解该项目的发展规划，并激励他们为创业成功而努力。

1. 吸引风投的创业计划

吸引风险投资的创业计划目的是向风险投资者募集资金。对于正在寻求资金的新企业来说，创业计划就是企业的名片。

2. 吸引创业伙伴的创业计划

吸引创业伙伴的创业机会是为了吸引创业团队的新成员以及有特定意义的关键员工。在创业初期，无论是从身边的亲朋好友中寻找创业伙伴，还是从不熟悉的人群中寻找，一份结构清晰、前景良好的创业计划是吸引创业伙伴的最有力的武器。

3. 获取政府支持的创业计划

政府部门制定的各项政策对创业活动的成败有非常重要的影响，只有在政府政策的允许和鼓励下，新企业才能获得更多的人才、贷款和投资、各种服务和优惠政策等。获取政府支持的创业计划应当强调“新企业的项目投资可行性”，尤其要着重关注“新企业的社会收益和社会成本”，只有这样才能获得政府的关注与支持。

第二节　创业计划书的撰写

一、创业计划中的信息收集

创业前或在创业过程中对企业所处的环境进行仔细分析，准确地预测市场行情，而在分析和预测市场行情前，创业者必须收集一些必要的市场信息，信息的收集过程，就是分析并预测环境进而化解未来不确定性的过程。创业收集的信息是指在一定的时间和条件下，与生产与服务经营活动相关的各种信息、情报、数据、政策法规、资料等的总称。创业时应该了解与创业有关的或与今后创立的企业相关的市场信息，其主要包括以下几个方面。

（一）政治政策信息

不同的国家有着不同的社会性质，不同的社会制度对组织活动有着不同的限制和要求。即使社会制度不变的同一个国家，在不同时期，政府的方针、政策、对经济活动的态度和影响也是不断变化的。主要的政治政策信息有以下几个方面。

1. 政府管制

政府管制主要体现为企业必须无条件服从和接受，如药品安全、食品卫生、危险品制造等方面。管制的目的是保证国家及全民利益不受损害，是强制执行的。如果创业企业在选择项目时不了解相关政策，企业将会遭受损失。

2. 经营许可

经营许可为个人或企业获得合法经营某项业务的授权。但并不是所有经营都要许可，而有些行业则是必需的，如我国的医药、食品生产销售、种子经营、林木采伐、资源开采、房屋拆迁、公路客运、汽车维修、民航客票销售代理、营业性射击场、小件寄存、证券资信评估、企业信用评价等。

3. 产业政策与贸易协定

政府的产业政策、投资政策和反垄断法规。自加入世界贸易组织以来，中国国内的产业已经成为国际产业分工体系的一个组成部分，基本上所有的行业都处于与国际企业同一舞台竞争的地位，因而必须了解有关国际贸易协定的规定和发展趋势信息。

4. 税收优惠与政策鼓励

税收是国家调控经济的政策杠杆，它的变化直接影响着创业企业及创业者个人的收入。关注并利用国家的税收优惠政策可以有效地缓解创业初期资金的压力。此外，需注意收集地区性的创新创业鼓励政策，如提供政府补贴、基金支持、担保融资、低息甚至贴息贷款，税收减免，给予场地减租等。不少地方政府对大量安置下岗职工与残疾人的企业给予财政支持或税收减免等，这些都是创业者应该充分利用的政府政策信息。

（二）经济信息

经济发展状况主要包括宏观经济环境和微观经济环境两个方面的内容。

宏观经济环境主要包括社会经济结构、经济发展水平、经济体制改革和国家经济政策等方面的内容；微观经济环境主要是指企业所在地区或所服务地区的消费者的收入水平、消费偏好、储蓄情况、就业程度等因素。这些因素直接决定着企业目前及未来的市场大小。其主要的经济发展状况信息包括国内生产总值（GDP）及其增长率、贷款的可得性、可支配收入水平、居民消费（储蓄）倾向、利率、通货膨胀率、规模经济、政府预算赤字、消费模式、失业趋势、劳动生产率水平、汇率、证券市场状况、外国经济状况、进出口因素、不同地区和消费群体间的收入差别、价格波动、货币与财政政策等信息。

（三）社会文化和人口统计信息

社会文化环境包括一个国家或地区的居民教育程度和文化水平、宗教信仰、风俗习惯、审美观点、价值观念等。文化水平会影响居民的需求层次；宗教信仰和风俗习惯会禁止或抵制某些活动的进行；价值观念会影响居民对组织目标、组织活动以及组织存在本身的认可与否；审美观点则会影响人们对组织活动内容、活动方式以及活动成果的态度。

（四）技术发展信息

技术发展趋势除了要考察与企业所处领域的活动直接相关的技术手段的发展变化外，还应及时了解国家对科技开发的投资和支持重点，该领域技术发展动态和研究开发费用总额，技术转移和技术商品化速度，专利及其保护情况等。现在的技术发展信息也更多地与国家政策导向相结合，节能减排、生态环保是国家重要的发展战略，现阶段的技术发展也在向节能环保方向高速发展。

（五）竞争者信息

行业竞争者信息实际上是对市场同类商品供给者状况的相关信息。要特别注意主要竞争对手、主要经营者的变动情况，行业龙头企业的技术水平，竞争对手的产品品种、质量标准和服务特色、品牌建设、销售方式、市场占有率等信息的收集。不仅要关注和收集来自同行业的相关产品，还要关注和收集来自供应商、客户、替代品、新加入竞争者等多方面的信息；有些行业新技术不断涌现，产品更新换代很快，特别要注意收集行业技术创新、研发动态和替代品威胁方面的信息。

（六）目标客户信息

目标客户是指创业者所选择的特定的并准备销售和服务的客户。主要包括目标消费者的购买动机、购买意愿、购买水平、购买习惯、品牌认可等。

二、创业计划书的内容

不同行业的创业计划形式有所不同，但从总的结构来看，所有的创业计划都应包括计划摘要、主体和附录三个部分。

1. 计划摘要

摘要是对整个计划最高度的概括。应用最精练的语言，浓缩计划书的精华。计划摘要是引路人，一般要在后面所有内容编制完毕后，再把主要结论性内容摘录于此，以求一目了然，在短时间内给使用者留下深刻的印象。在概述中企业必须回答下列问题：

（1）企业所处的行业，企业经营的性质和范围；

（2）企业主要产品的内容；

（3）企业的市场在哪里，谁是企业的顾客，他们有哪些需求；

（4）企业的合伙人、投资人是谁；

（5）企业的竞争对手是谁，竞争对手对企业的发展有何影响；

（6）企业的优势在哪里；

（7）如何投资、投资数量和方式；

（8）投资回报及安全保障。

概述如同推销产品的广告，编制人要反复推敲，力求精益求精，形式完美，语句清晰流畅而富有感染力，以引起投资人阅读创业计划书全文的兴趣。特别要详细说明自身企业的独特之处以及企业获取成功的市场因素。

2. 主体

创业计划书的主体部分是整个计划书的核心。主体部分的内容要翔实，在有限的篇幅内充分展示创业者要说明的全部内容，主体部分按照顺序一般包括以下几个方面。

（1）企业（项目）介绍与战略

这一部分是向战略合伙人或者风险投资人介绍融资企业或项目的基本情况。如果企业处于种子期，现在也只有一个美妙的商业创意，应重点介绍创业者的成长经历，求学过程，并突出其性格、兴趣爱好与特长，创业者的追求，独立创业的原因以及创意如何产生。如果企业处于成长期，应简明扼要地介绍公司过去的发展历史、现在的状况以及未来的规划。在描述公司发展历史时，正反的经验都要写，特别是对以往的失误，不要回避。要对失误进行客观的描述，中肯地进行分析，反而能够赢得投资者的信任。

（2）技术产品介绍

投资人最关心的问题之一就是企业的产品、技术或服务能否以及在多大程度上解决现实生活中的问题。或者，企业的产品或服务能否帮助顾客节约开支，增加收入，这是市场销售业绩的基础。在这一部分，要对产品做出详细的说明，且说明要准确，也要通俗易懂，以让非专业人员的投资者也能明白。

（3）行业、市场分析预测

行业与市场分析主要对企业所在行业基本情况，企业的产品或服务的现有市场情况、未来市场前景进行分析，使投资者对产品或服务的市场销售状况有所了解。

（4）市场营销策略

企业的盈利和发展最终都要拿到市场上来检验，营销成败直接决定了企业的生存命运。营销策略的内容应包括营销机构和营销队伍的建立，营销渠道的选择和营销网络的构建，广告策略和促销策略、价格策略，市场渗透与开拓计划，以及市场营销中意外情况的应急对策等。

（5）生产制造计划

生产制造计划旨在使投资者了解产品的生产经营状况。这一部分应尽可能把新产品的生产制造及经营过程展示给投资者。同时，为了增大企业的评估价值，创业者应尽量使生产制造计划更加详细、可靠。

（6）管理团队介绍

投资者非常看重管理团队。这部分主要是向投资者展现企业管理团队的结构、管理水平和能力、职业道德与素质，使投资者了解管理团队的能力，增强投资信心。

（7）财务分析与预测

这部分包括公司过去若干年的财务状况分析，今后 3 年的发展预测以及详细的投资计划。旨在使投资者据此判断企业未来经营的财务状况，进而判断其投资能否获得理想的回报，因而它是决定投资决策的关键因素之一。

（8）融资计划

融资计划主要是根据企业的经营计划提出资金需求数量，融资的方式、工具，投资者的权益、财务收益及其资金安全保证、资金退出方式等，它是资金供求双方共同合作前景的计划分析。

（9）风险分析

向投资者分析企业可能面临的各种风险隐患，风险的大小以及融资者将采取何种措施来降低或防范风险增加收益等。融资者不能为了增大获得投资的机会而故意缩小、隐瞒风险因素，而应该对企业所面临的各种风险都认真地加以分析，并针对每一种可能发生的风险提出相应的防范措施，这样才能取得投资者的信任。

3. 附录

创业计划的附录应包括媒介关于公司产品的报道，公司产品的样品、图片及说明，有关公司及产品的其他资料。

三、创业计划书的撰写和展示技巧

当新创企业需要融资的时候，创业计划书就能打动外部投资人。因此，做一份引人注目的创业计划书，并在有机会的时候展示出它的魅力，这是创业者应做的基本准备之一。

（一）创业计划书的包装

1. 封面

一个好的封面会使阅读者产生最初的好感，形成良好的第一印象，因此封面的设计要有一定的审美艺术性，最好具有与众不同的独特性。色彩应醒目，封面纸应坚挺，在封面上可以印有公司的名称、地址、联系电话和计划书撰写的日期。

2. 打印稿

创业计划书必须打印成正规的计划书文本，打印稿应文本工整、字迹清晰，有时为了醒目也可选用彩纸，但不宜给对方留下刺激性的视觉印象，也可以在每项内容的首页用彩纸，或每项内容的标题用醒目的颜色打印。

3. 图标和图形

在计划书中，如果有必要，可增加一些图标或表格来直接说明。一般来说，应该采用高品质的图标和图形。但需要注意的是，条形图没有表格的内容显示清晰。此外，也可采用部分产品图片和说明书，但只能作为计划书的附件，且要保证质量。

4. 剪报

剪报不是计划书必不可少的内容。但如果有高质量的关于公司及产品的报纸文章，可能会更吸引人。只是，剪报一定要少而精。

（二）创业计划书的最佳篇幅

创业计划书的最佳篇幅是多少，并没有一个明确的页数，但有一些规律可以遵循。

（1）一般计划书的篇幅在 15～30 页之间，对于大部分企业来说，20 页已经足够了。但如果这份计划书是为了公司内部使用，则可以到 40 页或更长。

（2）如果创业者开设的是一家小型、简单的企业，计划书最好不要超过 15 页，但不到 10 页会显得有些单薄。

（三）创业计划书中应注意的问题

创业计划书是吸引投资者的第一张名片，在初次撰写的时候，一定想写得真实、完美、动人。但其中也会遇到一些需要注意的问题。

（1）创业计划书应层次清晰、主次分明，让投资者能一下子抓住文章的重点，有一个清楚的头绪。

（2）创业计划书不要过于强调技术。投资者不是技术专家，技术知识创业是一方面，更重要的是，创业者怎样将技术卖出去，也就是企业的商业模式。

（3）创业计划书要体现团队和人的价值。创业团队往往是创业能否成功的关键。

（4）创业计划书中的数据一定要准确，前后一致。

（5）对创业公司自身和投资人应有不同的创业计划书。

（6）轻视现金流。大多数创业者的焦点都在利润方面，而不是现金。创业者要明确一点，我们平时支出的并不是经营利润，而都是现金，所以，了解现金流是至关重要的。

7. 高估商业创意。很少有成功的企业是完全基于全新的商业思路，一个新的商业创意往往比现有的产品更难实现好的销量。所以，不要对自己的商业创意估价过高。

（四）展示你的创业计划

当创业者有机会向投资者介绍自己的创业计划书时，演讲人的动作、表情、语言及幻灯片的制作水平都直接影响投资者对创业者的评价。演讲的时候要严格控制时间，尽可能全面地诠释计划书，必须有的放矢，尽量展现重点。

四、创业计划书样例

（一）项目介绍

项目名称："宝贝"儿童托管服务公司

经营范围：儿童托管、课后辅导、营养配餐服务的提供

项目投资：50 万元人民币

场地选择：白云路靠近小学路段

项目概述：创办"宝贝"儿童托管服务公司，将父母亲无法照顾的儿童组织起来，管吃、管睡、管学习辅导，解决家长与儿童双方的困难，而且利用系统的管理教育，培养儿童的自我约束、独立管理能力和团队协作精神，造福下一代。

（二）市场分析

目前，当地的儿童托管已成为市民日常生活中一个老大难问题，周围人常谈及孩子入学后因上班远而不能及时接送，也有谈到小孩儿因吃不好午饭变瘦了。谈论更多的是，父母文化程度低辅导孩子做作业成问题，代沟问题等，便由此产生一种想法，如果能把这些孩子组织起来，保证孩子们吃得香、睡得好，同时辅导他们做作业，难道不是一个很好的商机吗？

1. 市场需求分析

据悉，当地有小学上百所，各小学都不同程度出现托管难的问题，据不完全统计，各小学平均有 900 名学生，新生入学需要托管服务的约占 60%，需要辅导各科作业的约占 45%，需要美术、音乐、英语等辅导的约占 30%，需要单科作业辅导的约占 20%。

从上述数据分析：

（1）当今人们对教育的重视程度较以前大有提高；

（2）当今的孩子竞争性强、压力大；

（3）父母投入社会工作多，难以照顾好孩子；

（4）教育社会化的程度需不断提高。

2. 市场竞争与前景

社会进步必然存在竞争，在创业阶段必须重视行业竞争。据有关报道，目前，本区域在开发家教、托管服务市场的时间不算很长，但普遍存在着质量不高的问题，如货不对板、师资不合格、服务质量差等。只有扬长避短，充分发挥自己的竞争优势，突出优点，创新发展，才能不断满足社会的需求。发展潜力是十分巨大的，从创业项目来讲，只要重视竞争对手，采取"全方位发展，服务多元化，以优质服务取胜"的经营方针，就一定能成功。

（三）成本预算

（1）薪资预算。

（2）投资预算。

（3）经营成本预算。

（四）盈亏分析

（1）经营目标。

（2）投资收益预算。

（3）盈亏预测。

（五）风险预测

（1）选择经营场地的地理位置是否合理。

（2）场所与学校的地理位置是否合理。

（3）对竞争对手的了解不足。

（4）实际投资超出预算。

（5）管理制度不完善。

（6）师资质量问题。

（六）相关的法律法规

（1）根据《中华人民共和国民法典》第三十五条规定：监护人应当按照最有利于被监护人的原则履行监护职责。监护人除为维护被监护人的利益外，不得处分被监护人的财产。

（2）根据《中华人民共和国劳动法》，与员工签订劳动合同，缴纳社会保险，维护员工的合法权益。

（七）人员机构设置管理方式

（1）组织结构与职能范围。

（2）领导方式。

（3）制定工作岗位职责。

（4）管理模式。

（5）建立管理制度。

（八）市场营销策略

（1）服务说明与定价。

（2）经营策划。

①场所定位。

选择交通方便的场所。

场所周边学校不少于 4 个。

选择的场所在老城区。

场所的面积不少于 500 平方米。

②设定经营场所。

（3）经营计划。

①把新生入学的促销工作作为全年的重心来抓。

②销售指标落实到个人，可与经济效益挂钩。

③做好各学校、街道居委的宣传、公关工作。

④宣传单必须及时派送到准消费者手中。

⑤完成主营业额目标。

⑥辅营业额的完成，依靠做好细致的家长思想工作。

⑦第二、第三年必须抓紧市场开发工作，不断推出新的服务，满足社会需求，提高营业额。

第三节　商业模式构成要素分析

一、商业模式概述

（一）商业模式的概念

商业模式是指为实现客户价值最大化，把能使企业运行的内外各要素整合起来，形成一个完整的高效率的具有独特核心竞争力的运行系统，并通过最优实现形式满足客户需求、实现客户价值，使系统达成持续盈利目标的整体解决方案。商业模式的内在范围涵盖了企业的整个运营流程，也就是我们通常所说的价值链，它是一个整体的、系统的概念，而不只是一个单一的组成因素，是由包括融资、研发、生产、营销等相关联的价值活动所构成的，它是企业构造价值链的方式，如图 7-1 所示。

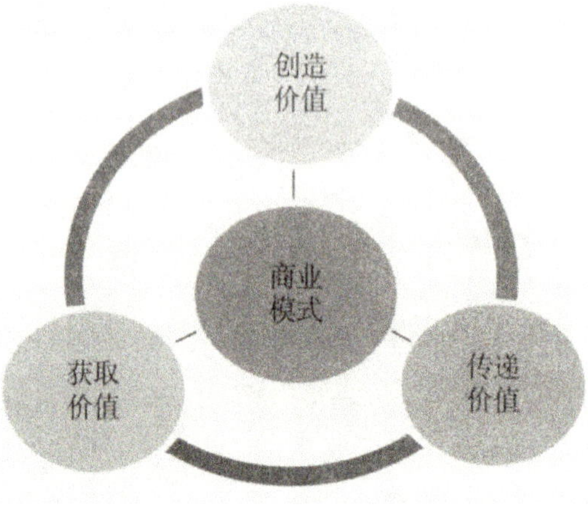

图 7-1　商业模式图

简而言之，商业模式即公司通过什么途径和方式盈利。例如，汽车公司如何通过卖车来赚钱；食品公司如何通过卖食品来赚钱；快递公司如何通过送快递来赚钱；超市如何通过平台和仓储来赚钱等。只要有潜在或直接的盈利环节，就有商业模式存在。

经典案例

直播间里，好大米卖出好价钱

陈雨佳，1989年出生于黑龙江省宁安市渤海镇。2016年，她回乡创业，运用互联网思维优化水稻种植、加工和销售环节，带领乡亲们闯出了一条增收致富路。陈雨佳先后获得全国“巾帼新农人”创业典型、全国三八红旗手等荣誉称号。

一、开辟线上销路，打出产品口碑

得益于独特的自然环境，石板大米口感佳、营养价值高。“可酒香也怕巷子深，村里的大米多年来没有打出知名度，销路一直不好。”玄武湖大米专业合作社理事长褚丽娟说。

早在2008年，褚丽娟就牵头成立合作社，推动村里的稻田规模化经营。可是，受制于传统的种植、销售方式，乡亲们的日子始终算不上宽裕，村集体经济收入也一度入不敷出。眼看母亲褚丽娟着急上火，2016年，在外工作了3年多的陈雨佳悄悄返乡，打定主意要通过互联网帮助老乡卖大米。

“以往到了水稻收获季，大伙儿都是被动等待商贩上门收购，卖不上好价钱。”陈雨佳心里自有盘算，毛遂自荐在合作社担任起销售经理一职，利用互联网，把优质大米直接端到消费者的餐桌上。开工不到一个月，陈雨佳就做成了第一单生意。“我把卖米的广告发到了朋友圈，有熟人感兴趣，一试还真不错，然后口口相传，一下卖出了几百斤。”拍视频、搞直播、开网店……陈雨佳和合作社的两个年轻人组成网络营销团队，把大米种植的各个环节都展现给消费者。慢慢地，陈雨佳在网上有了不少粉丝，线上订单也逐渐多了起来。

与此同时，合作社在提高大米品质上也下足了功夫，从选种、耕种到加工，绿色技术覆盖全程：肥料方面全部施用有机肥和农家肥，除草则采用人工方式和稻田养鸭，灌溉水源来自镜泊湖和牡丹江……“这么干费工费力，万一大米卖不上价怎么办?”有的村民担心。通过开辟线上销售渠道，销量的确增加了，可是价格相较往年并没有明显上涨。“怎么把好米卖出好价?”陈雨佳不断思索。

二、加强与网友互动，改进销售模式

“欢迎来到上官地村，这里不仅有美丽的玄武湖，还有200多户淳朴的农民”“今天请大家和小陈一起把鸭雏放到田里去”……积攒了一些经验后，陈雨佳和团队拍视频、做直播时，不再局限于推介产品，而是通过镜头讲述乡亲们种植石板大米的故事，展示原汁原味的乡村生活。在与网友的互动中，陈雨佳不断改进销售模式，升级服务体验。这天，记者跟着她下田察看水稻长势，清风徐来，掀起层层稻浪。地头上，立着一块块小木牌，上面写着不同的名字。

“这是我们推出的‘认种’模式，春天时消费者认购一亩稻田，秋收后就能收到这亩稻田产出的大米，还可以来村里免费体验插秧、收割水稻等农事活动。”陈雨佳说，“这个点子就来源于直播时跟网友的互动，当时有网友感慨我们这儿山好水好，想来村里体验种田。”

"认种"模式一经推出，就大受欢迎。"今年的200亩有机稻田，在插秧之前就已被认购一空，预售款接近400万元。"陈雨佳说，今年插秧季，一些客户就带着家人来村里体验了一回乡村"慢生活"。

还有网友给陈雨佳留言："大米买多了存不住，有没有办法随时都能吃到新鲜大米?"为此，陈雨佳推出定制销售模式，"秋收后，我们把稻谷存放在村里恒温恒湿的谷仓里。消费者可以根据相关凭证随时在网上兑换，我们按订单随时开机碾米，保证水稻脱壳后第一时间送到客户手上。"

"在有关部门的支持下，我们还建起了农业物联网。消费者只要扫一下二维码，就能看到石板大米的生产全过程。"陈雨佳说。随着生活水平不断提高，消费者更加关注品质和体验，这种线上与线下有机结合的销售模式，能进一步增强消费者的黏性。

通常，一场直播要两个多小时，陈雨佳讲得嗓子冒烟，却乐此不疲。"对我来说，最重要的是把家乡和家乡的石板大米推介出去。"据介绍，现在整个合作社约1/3的销售额来自线上渠道。

"种大米、卖山货、开直播、发展乡村游……像陈雨佳这样，近几年回到宁安创业的高校毕业生有300多人。"宁安市就业局副局长金丽玉说，"他们在实现个人梦想的同时，也源源不断地为乡村振兴注入新鲜血液。"

（资料来源：雷玉梅. 大学生创新创业项目化教程［M］. 浙江：浙江大学出版社，2023.）

（二）商业模式的类型

商业模式分为平台模式、网模式、资源衍生模式、开门模式、金字塔模式、饵与钩模式以及新盈利商业模式等。

1. 平台模式

通过搭建一个合理化的平台，吸引相关人群来经营发展，保证稳定的业务增长和持续发展的动力。例如，阿里巴巴、腾讯、百度等网络平台。

2. 网模式

通过构建密集完整的网络体系，最大限度地占有市场份额，保持对市场的控制度，并整合市场中尽可能多的资源。例如，家乐福、沃尔玛等网模式发展模式。

3. 资源衍生模式

从现有资源中挖掘衍生价值，构建新的盈利点和盈利模式，使利润倍数增长。例如，加油站附带餐饮、商店经营，机场、火车站附带大巴客运等方式。

4. 开门模式

前期的销售是后续销售的铺垫，以培养客户的消费习惯和购买忠诚度为目标，使客户的购买行为变成一种长期的重复性行为。形成企业商业模式的一个关键是，找到更大的，可以被彻底消除的成本，如买话费送手机等。

5. 金字塔模式

根据客户的不同特点，对客户群进行细分，提供不同类型、不同层次的产品，以达到最大限度覆盖市场的效果。例如，化妆品、洗发水等根据不同需求设计各种功能型产品。

6. 饵与钩模式

以某种商品低价甚至零价格销售作为诱饵，以后续产品作为真正的盈利源。例如，打印机和墨盒、王者荣耀游戏公司。

7. 新盈利商业模式

随着物联网的不断发展与运用，以及市场环境的不断变化，目前市场上主要存在以下10种最新的盈利商业模式。

（1）B2B 电子商务模式

代表：阿里巴巴

关键词：在线贸易、信用分析、商务平台

模式概述：阿里巴巴被誉为全球最大的网上贸易市场，不仅推动了中国商业信用的建立，也为广大的中小企业在激烈的国际竞争中带来更多的可能性。阿里巴巴汇聚了大量的市场供求信息，同时通过增值服务为会员提供了市场服务。

（2）娱乐经济新模式

代表：腾讯视频“创造 101”等选秀节目

关键词：娱乐营销、整合营销、事件营销

模式概述：“创造 101”构筑了独特的价值链条和品牌内涵。“创造 101”通过全国海选的方式吸引能歌善舞、渴望创新的女孩子参赛，突破了原有电视节目单纯依靠收视率和广告盈利的商业模式，植入了网络投票、充值网站会员等盈利点，并整合了大量媒体资源。赞助商、电信厂商和组织机构成为最大赢家。而在节目结束后，电视台所属的经纪公司又开始对决赛前 11 名选手进行系列的包装、运作，进行品牌延伸营销。

（3）新直销模式

代表：玫琳凯

关键词：多层次直销

模式概述：多层次人力直销网络是直销模式的根基，这张庞大的销售网上的每一个节点——每一个直销员，都具备经销商和消费者的双重身份。与面向终端消费者、以产品消费价值招徕顾客的常规企业不同，这种销售是面向小型投资主体——个人与家庭，招募他们为经销商，加入直销大军。

（4）国美模式

代表：国美

关键词：资本运作、专业连锁、低价取胜

模式概述：家电在中国是成长性较好的商品之一，低价连锁的销售模式深得消费者的青睐。国美依靠资金的高周转率，以惊人的速度扩张，至今国美电器在多个城市拥有几百家直营门店。国美的扩张速度是世界知名的家电连锁巨擘百思买公司的 4 倍，利润主要来自供应商的返利和通道费。

（5）C2C 电子商务模式

代表：淘宝网、易趣网

关键词：网上支付、安全交易、免费模式、网络营销模式概述：淘宝网以连续数年免费的模式，将最大的竞争对手置于被动地位，并吸引了众多网上交易的爱好者到淘宝开店。淘宝网还打造了国内先进的网上支付平台“支付宝”，其实质是以支付宝为信用中介，在买家确认收到商品前，由支付宝替买卖双方暂时保管货款的一种增值服务。

（6）分众模式

代表：分众传媒

关键词：新媒体、新蓝海、眼球经济

模式概述：其商业价值来源于让等电梯的写字楼白领观看液晶屏广告，给广告主提供准确投递广告的新媒体。IZO企业电视台有效地结合了网络、电视、视频通信技术，可谓最先进的技术手段相互融合造就的高品质的即时互动多媒体整合平台，是架构在企业网站上最新的媒体广告方式。它能够在企业网站上将宣传片等内容透过视频窗口在线播放，让企业可以轻松透过声音、影像及文字随时随地享受与世界的互动互通。网民通过搜索引擎寻找到企业网站，并观看企业电视，了解企业文化，产品介绍等资讯，受众完全是自主选择的，不带有任何强制性。

（7）虚拟经营模式

代表：耐克

关键词：虚拟经营、外包

模式概述：美国耐克公司是服装业虚拟经营的典范。耐克公司把精力主要放在设计上，具体生产则承包给劳动力成本低廉的国家和地区的厂家，以此降低生产成本。这种虚拟制造模式使耐克得以迅速在全球拓展市场。近年来，耐克试图转变既有的产品驱动型商业模式，进而发展成通过全球核心业务部门的品类管理，推动利润增长且以客户为中心的组织。

（8）经济型连锁酒店模式

代表：如家

关键词：酒店连锁、低价

模式概述：如家未必是中国经济型酒店的“第一人”，却是迅速将连锁业态模式运用于经济型酒店的革命者。由于快速地加盟、复制、扩张，如家快捷酒店及时占据了区位优势，在众多的同行业竞争者中率先赢得华尔街的青睐，于2006年10月26日成功登陆纳斯达克。

（9）网络游戏模式

代表：盛大

关键词：免费模式、互动娱乐

模式概述：盛大独自开创了在线游戏的商业模式。在2005年12月，盛大主动宣布转变商业模式，将自己创造的按时间收费的点卡收费模式，改为实施道具增值服务的计费模式。盛大希望以一种有效的运转模式发现和满足用户需求，延长游戏的生命期，并为公司的互动娱乐战略提供更持久的现金流。

（10）网络搜索模式

代表：百度

关键词：竞价排名、网络广告、搜索营销

模式概述：搜索引擎已彻底改变了人们的生活方式，其中竞价排名是搜索最主要的收入来源。百度的收入对竞价排名的依赖程度很高，实质类似于做广告，即客户通过购买关键词搜索排名来推广自己的网页，并按点击量进行付费。由于网页左右两边都包含有竞价排名的结果，搜索者很难清晰地辨别哪些搜索结果是付费的。

二、商业模式构成要素

（一）商业模式的构成要素

商业模式就像一张蓝图，使得策略可以在组织化的结构、流程、系统中顺利实行。一般商业模式包括九大构成要素。不同要素分别从不同角度解析了企业如何获取资源和分配资源以及如何通过营销策略来接近目标消费者。

1. 价值主张

即企业通过其产品和服务所能向消费者提供的价值。价值主张确认了企业对消费者的实用意义，如图 7-2 所示。

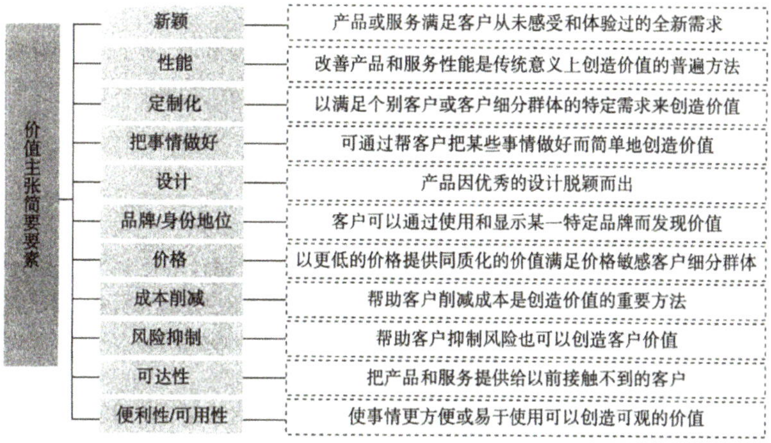

图 7-2　价值主张的简单要素

2. 消费者目标群体

即公司所瞄准的消费者群体。这些群体具有某些共性，从而使公司能够（针对这些共性）创造价值。定义消费者群体的过程也被称为市场划分。

3. 分销渠道

即公司用来接触消费者的各种途径。这里阐述了公司如何开拓市场。它涉及公司的市场和分销策略，如图 7-3 所示。

4. 客户关系

即公司同其消费者群体之间所建立的联系。我们所说的客户关系管理即与此相关。

<table>
<tr><th colspan="3">渠道类型</th><th colspan="5">渠道阶段</th></tr>
<tr><td rowspan="3">自有渠道</td><td rowspan="2">直接渠道</td><td>销售队伍</td><td rowspan="5">1.认知
我们如何在客户中提升公司产品和服务的认知?</td><td rowspan="5">2.评估
我们如何帮助客户评估公司价值主张?</td><td rowspan="5">3.购买
我们如何协助客户购买特定的产品和服务?</td><td rowspan="5">4.传递
我们如何把价值主张传递给客户?</td><td rowspan="5">5.售后
我们如何提供售后支持?</td></tr>
<tr><td>在线销售</td></tr>
<tr><td rowspan="3">非直接渠道</td><td>自有店铺</td></tr>
<tr><td rowspan="2">合作伙伴渠道</td><td>合作伙伴店铺</td></tr>
<tr><td>批发商</td></tr>
</table>

图 7-3　分销渠道示意图

5. 价值配置

即资源和活动的配置。

6. 核心能力

即公司执行其商业模式所需的能力和资格。

7. 合作伙伴网络

即公司同其他公司之间为有效地提供价值并实现其商业化而形成的合作关系网络。这也描述了公司的商业联盟范围。

8. 成本结构

即所使用的工具和方法的货币描述。

9. 收入模型

即公司通过各种收入流来创造财富的途径。

（二）有效的商业模式

有效的商业模式必须包括 4 个关键要素和 3 个界面要素：核心战略、战略资源、伙伴网络和顾客界面，以及顾客利益、构造和企业边界，如图 7-4 所示。

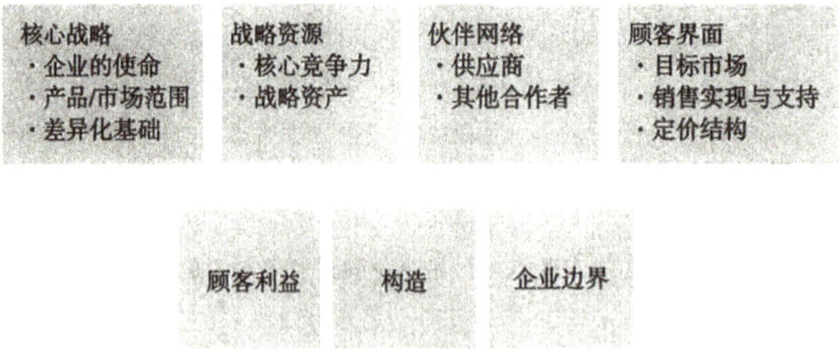

图 7-4　有效的商业模式展示图

1. 核心战略

核心战略从如下几个方面描述了企业如何与对手进行竞争。

（1）企业的使命

描述了企业为什么存在及其商业模式与其实现的目标。

（2）产品/市场范围

定义了企业集中关注的产品和市场。

（3）差异化基础

企业战略会对商业模式产生很大影响。

经典案例

1984 年，一种新商业模式在美国出现，创新者是当年才 19 岁的麦克·戴尔（Michael Dell）。他取得了巨大的成功，连续多年在《福布斯》财富榜上排在前十位，2006 年的财富为 155 亿美元，排名第九。

戴尔看到国际商业机器公司（IBM）、康柏电脑公司的商业模式过于呆板：既不能根据客户的需要组装电脑，不同用户的需要显然不同，但 IBM、康柏电脑公司不能为多数用户量体裁衣，同时他们的商业模式又使资金周转速度太慢，库存电脑太久，零售店面占用太多，成本过高。而戴尔电脑公司的模式是“先拿到客户订单，收到钱，再组装电脑，然后发货”。也就是说，客户先打电话下单，告诉戴尔电脑公司所要的电脑运行速度、存储器大小等，交好钱，然后戴尔电脑公司才开始组装，组装后直接寄到客户家里。这样，戴尔电脑公司不需要太多流动资金，没有库存，没有零售店面成本，更没有电脑技术过时的风险，因此，也没有价格风险。既有满足用户需求的灵活性，又大大降低了成本，这使戴尔电脑公司有很大的砍价空间，即使戴尔电脑公司卖的电脑比 IBM、康柏电脑公司的便宜很多，也照样能盈利，而 IBM、康柏电脑公司则可能亏损。有了这种“定制加直销”模式，戴尔电脑公司不胜出才怪呢。

虽然戴尔电脑公司的电脑业务于 1985 年才开始，但是，到年底，它的销售额已达 7000 万美元，1990 年的销售额达 5 亿美元。到 1999 年，戴尔电脑公司超过 IBM、康柏电脑公司、惠普，成为最大的个人电脑商。对于客户而言，他们不仅可以根据个人需要定制电脑，戴尔电脑公司的价格也最低，而且一有问题，还能直接跟制造商交涉，而不是与零售商打交道，这很有吸引力。

戴尔电脑公司的“定制加直销”模式非常成功。比如，在 20 世纪 90 年代中期，它的平均库存时间为 6~13 天，而竞争对手的库存时间为 75~100 天。电脑淘汰速度、降价速度一直很快，这种库存时间优势对戴尔电脑公司的成功极为关键。

戴尔电脑公司的“定制加直销”模式还有其他优势。实际上，它很像中国的房地产模式，开发商在盖楼房之前，就把房子预售给客户，先得到房款，再用这些钱盖房。这样，不仅开发商自己不需多少本钱，而且拿到这些房款后，可以把钱存在银行先赚利息，或者做别的投资，大大提高了利润空间。戴尔在大学时没有本钱就能开公司，道理也在此。

（资料来源：刘霞，宋卫．大学生创新创业基础与实践［M］．北京：人民邮电出版社，2021.）

2. 战略资源

企业拥有的资源会影响商业模式的持续性。

(1) 核心竞争力

核心竞争力是一种资源或者能力，是企业胜过竞争对手的竞争优势的来源。

(2) 战略资产

战略资产是企业拥有的稀缺、有价值的事物。

3. 伙伴网络

新创企业往往不具备所有的所需资源，因此需要依赖合作伙伴。

(1) 供应商

供应商是向其他企业提供零部件或服务的企业。

(2) 其他合作者

合资企业、合作网络、社会团体、战略联盟和行业协会是合作关系的一些常见形式。

4. 顾客界面

顾客界面指企业如何与顾客相互作用。作用类型依赖于企业选择如何在市场上竞争。

(1) 目标市场

企业在某个时点追求或尽力吸引的有限的个人或企业群体。

(2) 销售实现与支持

描述了企业产品或服务“进入市场”的方式，或如何送达顾客的方法。

(3) 定价结构

随企业目标市场与定价原则的不同而变化。

能力训练

研究商业模式设计思路

(一) 收集资料

班级成员分成若干小组，每个小组成员对商业模式的基本理论进行整理复习，然后继续收集有关商业模式设计思路的相关资料，将重点资料进行提炼总结，记录在方框内。

（二）理解并记录

根据所收集的资料，把你对商业模式设计的理解记录下来。

____

____

（三）访谈创业者

在以上理论学习的基础上，请各个小组分别寻找一个成功的互联网创业者进行访谈，了解其商业模式的设计思路，每个小组成员记录对此的新理解。

访谈对象：

____

____

访谈时间：

____

____

访谈地点：

____

____

访谈提纲：

____

____

访谈内容：

____

____

你的新理解：

____

____

（四）小组交流

小组间根据访谈结果进行讨论、交流，汇总每个小组的收获。

____

____

（五）自我总结

对比你在访谈前后对商业模式设计的理解，总结自己在哪些方面的理解有欠缺，哪些方面有新的看法。在总结收获与不足之后，请制定出未来你对商业模式新的研究方向。

你的收获：

你的不足：

新的研究方向：

第八章　新创企业

案例导入

飞象无人机科技有限公司

一、背景

飞象无人机科技有限公司（以下简称“飞象科技”）成立于2020年，由几位热爱无人机技术的年轻人共同创立。他们看到了无人机在航拍、农业、救援等多个领域的巨大潜力，并决定投身于这一新兴市场。

二、创业过程

1. 市场调研与产品定位

在创业初期，飞象科技的团队进行了深入的市场调研，发现虽然无人机市场已经有一些知名品牌，但在某些细分领域和特定应用场景中，仍然存在未被满足的需求。因此，他们决定专注于开发一款适用于农业领域的无人机，用于喷洒农药、监测作物生长等。

2. 技术研发与产品创新

飞象科技团队具备扎实的无人机技术背景，他们投入大量的时间和精力进行技术研发和产品创新。他们成功开发出一款具有高精度导航、智能避障、高效喷洒等功能的农业无人机，并在实际应用中取得了良好的效果。

3. 市场推广与合作

为了将产品推向市场，飞象科技积极寻求与农业合作社、种植大户等潜在客户的合作。他们通过举办产品演示会、提供试用机会等方式，让客户亲身体验到无人机带来的便利和效益。同时，他们还与一些农业科技公司建立战略合作关系，共同推广无人机在农业领域的应用。

三、成果与影响

经过两年的努力，飞象科技已经成功在农业无人机市场占据一席之地。他们的产品受到了广大农户的欢迎，并在多个地区实现了规模化应用。飞象科技不仅为农户提供了高效、便捷的农业服务，还带动了当地经济的发展和就业的增加。

四、未来展望

飞象科技将继续致力于无人机技术的研发和应用拓展。他们计划进一步优化产品性能，提高作业效率，并探索更多无人机在农业领域的应用场景。同时，他们还将积极拓展国际市场，将中国的无人机技术推向世界。

（资料来源：http：//www. cctime. com/html/2021-5-26/1573931. htm，有改动）

学习目标

了解企业法律形式的选择；
熟悉企业登记注册过程；
掌握新企业的生存管理。

第一节　新企业的创办

一、企业法律形式的选择

（一）企业的法律形态

在市场经济条件下，企业是在法律上和经济上独立的经济实体。任何一个企业都要依法建立。投资人在创建一个企业时，都面临企业的法律形式选择问题。企业的法律形式主要包括：个体工商户、个人独资企业、合伙企业、中外合资企业、中外合作企业、外商投资企业、国有独资企业、无限责任公司、有限责任公司、股份有限公司等。创业企业一般是小型企业，从工商部门统计数据来看，个体工商户、个人独资企业、合伙企业、有限责任公司，这四种企业法律形式是我国当前创办企业最常见的企业法律形式，下面分别阐述各企业形式的定义及法律特征。

1. 个体工商户

个体工商户是指有经营能力并依照《促进个体工商户发展条例》的规定经市场监督管理部门登记，从事工商业经营的公民。

个体工商户是个体工商业经济在法律上的表现，其具有以下特征：

（1）个体工商户是从事工商业经营的自然人或家庭。自然人或以个人为单位，或以家庭为单位从事工商业经营，均为个体工商户。根据法律有关政策，可以申请个体工商户经营的主要是城镇待业青年、社会闲散人员和农村村民。国家机关干部、企事业单位职工不能申请从事个体工商业经营。

（2）自然人从事个体工商业经营必须依法核准登记。个体工商户的登记机关是县以上工商行政管理机关。个体工商户经核准登记，取得营业执照后，才可以开始经营。个体工商户转业、合并、变更登记事项或歇业，也应办理登记手续。个体工商户只能经营法律政策允许个体经营的行业。

（3）个体工商户对其所负债务承担无限责任，即个体工商户个人经营的，其所负债务由个人财产承担；家庭经营的，以家庭财产承担，而不仅是以投入经营的财产承担。个体工商户一人领取营业执照，家庭成员共同经营的，可以认定为家庭经营，债务以家庭共有财产清偿。个人申请登记的个体工商户以家庭共同财产投资，收益供家庭成员共同使用的，视为家庭经营，其债务以家庭共同财产承担。

2. 个人独资企业

个人独资企业是指依照《中华人民共和国个人独资企业法》在中国境内设立，由一个自然人投资，财产为投资人个人所有，投资人以其个人财产对企业债务承担无限责任的经营实体。

个人独资企业具有如下法律特征：

（1）个人独资企业是由个人创办的独资企业，其投资人是一个自然人。自然人只限于具有完全民事行为能力的中国公民。国家机关、国家投资机构或者国家授权的部门、企业、事业单位等都不能作为个人独资企业的设立人。

（2）个人独资企业的全部财产为投资人个人所有，投资人（也称业主）是企业财产（包括企业成立时投入的初始出资财产与企业存续期间积累的财产）的唯一所有者。基于此，投资人对企业的经营与管理事务享有绝对的控制权与支配权，不受任何其他人的干预。个人独资企业就财产方面的性质而言，属于私人财产所有权的客体。

（3）个人独资企业的投资人以其个人财产对企业债务承担无限责任。所谓投资人以其个人财产对企业债务承担无限责任，包括三层含义：一是企业的债务全部由投资人承担；二是投资人承担企业债务的责任范围不限于出资，其责任财产包括独资企业中的全部财产和投资人的其他个人财产；三是投资人对企业的债权人直接负责。换言之，无论是企业经营期间还是企业因各种原因而解散时，对经营中所产生的债务如不能以企业财产清偿的则投资人须以其个人所有的其他财产清偿。此外，如投资人在申请企业设立登记时明确以其家庭共有财产作为个人出资的，应当依法以家庭共有财产对企业债务承担无限责任。

（4）个人独资企业是一个不具有法人资格的经营实体，其民事或商事活动都是以独资企业主的个人人格或主体身份进行的。尽管独资企业有自己的名称或商号，并以企业名义从事经营行为和参加诉讼活动，但它不具有独立的法人地位。

3. 合伙企业

合伙企业是指自然人、法人和其他组织依照《中华人民共和国合伙企业法》在中国境内设立的，由两个或两个以上的合伙人订立合伙协议，为经营共同事业，共同出资、合伙经营、共享收益、共担风险的营利性组织。

合伙企业具有如下法律特征：

（1）合伙企业以合伙协议为成立的法律基础。合伙协议依法由全体合伙人协商一致以书面形式订立。合伙协议是合伙成立的依据，也是合伙人权利和义务的依据，必须以书面形式订立，且经过全体合伙人签名、盖章方能生效。

（2）合伙组织作为一个整体对债权人承担无限责任。按照合伙人对合伙企业的责任，合伙企业可分为普通合伙和有限合伙。普通合伙的合伙人均为普通合伙人，对合伙企业的债务承担无限连带责任。有限责任合伙企业由一个或几个普通合伙人与一个或几个责任有限的合伙人组成，即合伙人中至少有一个人要对企业的经营活动负无限责任，而其他合伙人只能以其出资额为限对债务承担偿债责任，因而这类合伙人一般不直接参与企业经营管理活动。

（3）合伙企业的经营活动，由合伙人共同决定，合伙人有执行和监督的权利。合伙人可以推举负责人。合伙负责人和其他人员的经营活动，由全体合伙人承担民事责任。换言之，每个合伙人代表合伙企业所发生的经济行为对所有合伙人均有约束力。

（4）合伙人投入的财产，由合伙人统一管理和使用，不经其他合伙人同意，任何一位合伙人不得将合伙财产移为他用。只提供劳务，不提供资本的合伙人仅有权分享一部分利润，而无权分享合伙财产。

（5）合伙企业在生产经营活动中所取得、积累的财产，归合伙人共有。如有亏损也由合伙人共同承担。损益分配的比例应在合伙协议中明确规定；未经规定的可按合伙人出资比例分摊，或平均分摊。以劳务抵作资本的合伙人，除另有规定外，一般不分摊损失。

4. 有限责任公司

有限责任公司：股东以其认缴的出资额为限对公司承担责任，公司以其全部资产为限对债务承担责任的企业法人。有限责任公司具有人合性和资合性，适合中小企业。其特点是股东责任有限，即只需承担与个人出资额相对应的债务责任，不承担公司债务。

有限责任公司有如下特征：①有限责任公司的股东，仅以其出资额为限对公司承担责任。②有限责任公司的股东人数，有最高人数的限制，《中华人民共和国公司法》规定，有限责任公司由1个以上50个以下股东共同出资设立。③有限责任公司不能公开募集股份，不能发行股票。④有限责任公司是将人合公司与合资公司的优点综合起来的公司形式。

5. 股份有限公司

股份有限公司：全部资本分为等额股份，股东以其所持股份为限对公司承担责任，公司以其全部资产为限对债务承担责任的企业法人。股份有限公司的资合性更强，适合大型企业。其特点是资本规模大，融资渠道广泛，管理层与投资者分离。

（二）企业组织形式选择原则

一般而言，小企业在选择组织形式时，需要依据以下几个原则：

（1）创业资金准备情况

在我国，根据相关法律规定，个体工商户、个人独资企业、合伙制企业对注册资金实行申报制，没有最低限额要求。对于有限责任公司，法律规定了资本最低限额要求。鉴于这些情况，创业者在选择企业法律形式时就要考虑自己创业资金的准备情况。

（2）经营风险

企业法律形式不同，在经营过程中所承担的风险也不同。有限责任公司比私营企业风险要小。因为有限责任公司对外承担有限责任，不会以企业以外的个人资产抵债；而承担无限责任的私营企业，如个人独资企业、合伙企业，一旦经营失败，不但要以企业的全部资产用于抵债，同时企业以外的个人资产也要用于抵债。合伙企业的合伙人也要承担无限连带责任。鉴于这种情况，创办企业要权衡利弊，充分考虑经营风险。

（3）税负因素

税负对于一个企业来说，产生的影响是非常大的。国家为了鼓励一些行业的发展或者限制一些行业的发展，在制定税法时分别采取了不同的法律规定。对于公司企业而言，其经营利润首先应按照税法缴纳企业所得税，然后才能将税后利润作为股息或红利分配给投资者；而投资者取得的股息或红利，根据税法的规定还须缴纳个人所得税，对创办企业的创业者而言，就存在双重纳税的问题。对于个人独资、合伙企业而言，由于不将其作为公司企业看待，企业的经营利润就不缴纳企业所得税，而是比照个体工商户的生产经营所得缴纳个人所得税。

（4）技术因素

创业者往往掌握着不同的专业技术，所注册的企业如果符合注册高新技术企业的条件，可以充分利用国家对高新技术企业的扶持政策，注册高新技术企业，使企业更快地发展起来。另外，创业者如有专利等技术，在创业初期可以考虑采用合伙企业的方式，以便更好地保护专有技术。

（5）产权转让便利性

在建立企业时，创业者也应预想到未来企业所有权转换、继承、买卖的问题。例如有限责任公司股东出资一经交付公司，即不得主张退股，但却保证出资转让方相对自由地转让其出资；而合伙企业出资份额的转让则受到严格限制。

（6）筹资的吸引力

在个人独资企业和合伙企业中，创业者筹资能力大小都取决于经营上的成功和创业者个人能力，且由于投资者必须对企业的债务承担无限责任，导致这两种形式的企业筹集资金相对困难。而有限责任公司投资者仅需承担有限责任且产权主体多元化，筹资相对容易些。

二、企业登记注册过程

（一）企业注册登记

办理工商企业注册登记的目的是取得“营业执照”。了解“营业执照”相关知识，如什么是企业名称、企业的法律形式、企业法定代表人、企业的经营范围、注册资本、公司章程、营业执照等，是创业者成功创业的基石。

1. 企业名称核准

企业名称即企业的名称、字号，是企业区别于其他企业或其他社会组织，被社会识别的标志。企业名称是企业永久的财富、最大的无形资产，它往往具有难以估计的价值。

（1）企业名称的确定

企业名称一般由四部分依次组成：行政区划+字号+行业特点+组织形式。例如，深圳华侨城房地产有限公司，广东梦芭莎电子商务有限公司。

行政区划是指该企业所在地县级以上行政区划的名称或地名。字号是企业名称的核心要素，是企业区别于其他企业或社会组织的主要标志。企业名称中的字号应当由两个（含）以上汉字组成，可以使用自然人投资人的姓名作字号。行业特点应当具体反映企业的业务范围、方式或特点，名称中的行业特点应与主营行业相一致。

组织形式分为个体工商户、个人独资企业、合伙企业、有限责任公司。根据我国相关法律规定，有限责任公司的企业名称中必须标明“有限责任公司”或“有限公司”；合伙企业、个人独资企业和个体工商户在其名称中不得使用“公司”字样，可以申请用“厂”“店”“部”“中心”等作为企业名称的组织形式。

(2) 企业名称预先核准

申请企业名称预先核准，是为了保证企业名称的唯一性和可区别性，即企业在登记主管机关辖区内，不得与已注册的同行企业名称相同或相近。

根据《企业名称登记管理实施办法》，设立公司应当申请名称预先核准。法律、行政法规规定，设立企业必须报经审批或者企业经营范围中有法律、行政法规规定必须报经审批项目的，应当在报送审批前办理企业名称预先核准，并以市场监督管理机关核准的企业名称报送审批。设立其他企业可以申请名称预先核准。申请企业名称预先核准时，应当由全体出资人、合伙人、合作者（以下统称投资人）指定的代表或者委托的代理人，向有名称核准管辖权的市场监督管理机关提交企业名称预先核准申请书及相关资料。登记机关在收齐申请人应当提交的资料后，从受理之日起一般在10个工作日内作出核准或驳回的决定。预先核准的企业名称保留期为3~6个月。预先核准的企业名称在保留期内，不得用于从事经营活动，也不得进行转让。

企业名称预先核准应提交的文件一般有：①公司名称预先核准申请书；②全体投资人的资格证明，包括证明出资者是自然人的身份证、企业（个体工商户）加盖印章的执照复印件、事业法人加盖公章的编委批文复印件等；③指定代表或委托代理人的证明。当然各地市场监督管理机关对企业名称预先核准需要提交的资料在以上材料的基础上，可能会有所增减。

2. 办理验资证明

根据《中华人民共和国公司法》规定，公司的注册资本必须经法定的验资机构出具验资证明，验查出具的验资证明是表明公司注册资本数额合法的文件，其反映了企业的生产经营能力和企业规模。只有申请设立有限责任公司和股份有限公司时，才需要有验资手续；申办个体工商户、合伙企业、个人独资企业时，不需办理验资证明。法定验资机构一般是会计师事务所和审计师事务所。

3. 办理营业执照

企业名称预先核准和验资后，就可以进行正式的工商注册登记和申请营业执照。营业执照是指市场监督管理机关发给工商企业、个体工商户的准许从事某项生产经营活动的凭证。其格式由国家市场监督管理总局统一规定。主要包括企业名称、企业地址、负责人姓名、注册资本、企业类型、经营范围、营业期限等。

创业者经过核准登记，领取营业执照，就表示企业已经取得了合法的经营地位，同时也取得了名称专用权和生产经营权，其正当的经营活动、合法权益和资产受法律保护。企业凭营业执照进行刻制印章、办理组织机构代码证、申请纳税登记、开立银行账户签订合同、进行经营活动，符合规定条件的可以申请贷款。

市场监督管理机关收到申请人提交的符合有关规定的全部文件后开始受理，在受理之日起30日内作出审核决定。企业营业执照的签发日期为企业成立日期。

（二）税务登记

创业者领取营业执照之后，应该按照《中华人民共和国税收征收管理法》进行税务登记。税务登记领取税务登记证，是税务机关对生产经营活动进行登记管理的一项制度。纳税人开立银行账户、取得一般纳税人资格、申请减免退税、领购发票、办理外出经营活动证明等涉税事项必须持税务登记证才能办理。

1. 办理税务登记的程序

①从事生产经营的纳税人在领取营业执照之日起 30 天内，以书面形式向税务机关申报办理税务登记。新创企业申办税务登记时，应先到技术监督部门申领组织机构代码，这是办理税务登记的必备材料。

②纳税人如实填写《税务登记表》和《纳税人税种登记表》，加盖印章后连同相关证件、资料一并提交地方税务机关。

③提供有关证件、资料。

④领取税务登记证件。税务机关收到纳税人申报的书面资料后进行审核，对符合规定的，予以登记，并发给纳税人税务登记证或临时税务登记证及其副本。税务机关应当自收到申报之日起 30 日内审核并发给税务登记证件。

2. 办理纳税申报

纳税申报是纳税人履行其纳税义务，就纳税事项向税务机关提出书面报告、申报纳税的法定手续，也是税务机关办理征收业务、核定应征税款、填开税票的主要依据。因此纳税人申报纳税应当及时、真实。

企业无论有无经营收入、是否享受减免，都应在领取税务登记证或注册税务登记证之日起 15 日内，按照属地征收的原则，根据经营范围和经营项目的实际收入，依适用的税种、税目和税率到主管征收分局办理纳税申报。纳税申报一般包括报送纳税申报表、企业财务会计报表和其他纳税资料。

3. 企业应缴纳的主要税种

（1）增值税

它是指在我国境内销售货物或者提供加工、修理修配劳务以及进口货物的企业和个人，根据其取得的货物或应税劳务的销售额及进口货物金额来计算的税款。按纳税人的生产规模及其财务制度是否健全，可分为一般纳税人和小规模纳税人。选择哪种纳税人身份，对税负有较大影响。

（2）营业税

它是指在我国境内从事交通运输业、建筑业、金融保险业、邮电通信业、文化体育业、娱乐业、服务业，以及转让无形资产、销售不动产的单位和个人，对其营业额征收的一种流转税。

（3）消费税

它是指在我国境内从事生产、委托加工和进口《中华人民共和国消费税暂行条例》规定的消费品的单位和个人，就其销售收入或销售数量，采取定率或定额征收的办法，进行特殊调节的流转税种。

（4）企业所得税

它是指每一个独立核算的企业必须缴纳的税种。征税范围是指纳税人在我国境内的生产、经营所得和其他所得。

（三）银行开户

创办企业不可避免地要和银行打交道。企业通过在银行开立各种账户，可以办理信贷、结算、汇兑、现金收付等业务。根据《银行账户管理办法》，银行存款账户分为基本存款账户一般存款账户、临时存款账户和专用存款账户。上述各类账户均有不同的设置和开户条件。

1. 银行开户的基本种类

（1）基本存款账户

基本存款账户是指存款人办理日常转账结算和现金收付的账户。

存款人的工资、奖金等现金的支取，只能通过本账户办理。除法律另有规定外，存款人只能在银行开立一个基本存款账户。存款人在银行开立基本存款账户，实行由中国人民银行当地分支机构核发开户许可证的制度。

（2）一般存款账户

指存款人在基本存款账户以外的银行借款转存、与基本存款账户的存款人不在同一地点的附属非独立核算单位开立的账户。存款人可以通过本账户办理转账结算和现金缴存，但不能办理现金支取。

（3）临时存款账户

指存款人因临时经营活动需要开立的账户。存款人可以通过该账户办理转账结算和根据国家现金管理规定办理现金收付。

（4）专用存款账户

指存款人按照法律、行政法规和规章，对其特定用途资金进行专项管理和使用而开立的银行结算账户。专用存款账户用于办理各项专用资金的收付，适用于基本建设资金、更新改造资金、财政预算外资金、收入汇缴资金、业务支出资金，党、团、工会设在单位的组织机构经费，以及其他需要专项管理和使用的资金。

2. 开设基本存款账户

（1）基本存款账户的当事人资格条件

根据《银行账户管理办法》规定，下列存款人可以申请开立基本存款账户：企业法人；企业法人内部单独核算的单位；管理财政预算资金和预算外资金的财政部门；实行财政管理的行政机关、事业单位；县级（含）以上军队、武警单位；外国驻华机构；社会团体；单位附设的食堂、招待所、幼儿园；外地常设机构；私营企业、个体经济户、承包户和个人。

（2）基本存款账户开立所需的证明文件

存款人申请开立基本存款账户，应向开户银行出具下列证明文件之一：当地市场监督管理机关核发的《企业法人营业执照》或《营业执照》；中央或地方机构编制委员会及人民政府等部门的批文；部队军以上、武警总队财务部门的开户证明；单位对附设机构同意开户的证明；驻地有权部门对外地常设机构的批文；承包双方签订的承包协议；个人居民身份证和户口簿。

（3）基本存款账户开立的程序

企业申请开立基本存款账户的，应填制开户申请书，提供当地市场监督管理机关核发的《企业法人营业执照》或《营业执照》、机构代码、法人身份证等规定的证件，送交盖有存款人印章的印鉴卡片，经银行审核同意并凭中国人民银行当地分支机构核发的开户许可证，即可开立该账户。

3. 开设一般存款账户

（1）一般存款账户设置的条件和所需证明文件

根据《银行账户管理办法》的规定，下列情况的存款人可以申请开立一般存款账户并须提供相应的证明文件：在基本存款账户以外的银行取得借款的单位和个人可以申请开立该账户，并须向开户银行出具借款合同或借款借据；与基本存款账户的存款人不在同一地点的附属非独立核算单位可以申请开立该账户，并须向开户银行出具基本存款账户的存款人同意其附属的非独立核算单位开户的证明。

（2）一般存款账户设置的程序

存款人申请开立一般存款账户的，应填制开户申请书，提供相应的证明文件，送交盖有存款人印章的印鉴卡片，经银行审核同意后，即可开立该账户。

4. 开设临时存款账户

（1）临时存款账户设置的条件和需提供的文件

根据《银行账户管理办法》的规定，下列存款人可以申请开立临时存款账户，并须提供相应的证明文件：外地临时机构可以申请开立该账户，并须出具当地工商行政管理机关核发的临时执照；有临时经营活动需要的单位和个人可以申请开立该账户，但须出具当地有权部门同意设立外来临时机构的批件。

（2）临时存款账户开立的程序

存款人申请开立临时存款账户，应填制开户申请书。提供相应的证明文件，送交盖有存款人印章的印鉴卡片，经银行审核同意后，即可开设此账户。

拓展阅读

创办企业必须考虑的法律问题

一个社会的法律规定为其公民能做什么或不能做什么建立了一个框架。这个法律框架同样在一定程度上允许或禁止创业者所作的某些决策和采取的部分行动。创建新企业会受当地法律的影响，创业者必须了解并处理好一些重要的法律问题。创业涉及的法律问题相当复杂。创业者需要认识到这些问题，创业者一般不会有意触犯法律，但往往高估他们所掌握的与创建和经营新企业相关的法律知识。

在企业的创建阶段，创业者面临的法律问题包括：确定企业的形式，设立适当的税收记录，协调租赁和融资问题，起草合同，以及申请专利、商标或版权的保护。在每一个创建活动中，都有特定的法律和规定决定创业者能做什么和不能做什么。因此，作为一名创业者，必须熟悉相关法律法规。但是，法律环境对创业的影响并没有到此为止。当新企业创建起来并开始运营后，仍然有与经营相关的法律问题。例如，人力资源或劳动法规可能会影响员工的雇用、报酬以及工作评定的确定；安全法规可能会影响产品的设计和包装、工作场所和机器设备的设计和使用，环境污染的控制以及物种的保护。尽管许多法规可能在某一企业达到一定规模时才适用，但事实是，新企业都追求发展，这意味着创业者很快就会面临这些法律问题。

第二节 新企业生存管理

一、新企业的产品与营销管理

（一）新企业的产品管理

新企业的产品管理实际上就是产品的创新、目标市场定位和定价三个方面的管理。

1. 产品的创新

现代企业所销售的产品概念和以往已经有了很大不同，不再是传统的“物品”，而是涵盖了服务、产品、个性等多方面的内容。菲利普·科特勒提出“整体产品”的观点，认为整体产品分为五个层次——核心产品、形式产品、期望产品、附加产品、潜在产品，每个层次都增加了更多的顾客价值及创新性。

（1）核心产品

核心产品是产品为顾客带来的基本效用和利益。例如，消费者购买口红的目的不是得到某种颜色某种形状的实体，而是为了通过使用口红提高自身的形象和气质。

（2）形式产品

指核心产品借以实现的形式或目标市场对需求的特定满足方式。形式产品一般由五个特征构成，即品质、式样、特征、商标及包装。

（3）期望产品

指购买者在购买产品时期望得到的与产品密切相关的一整套属性和条件。例如，旅馆的客人期望得到清洁的床位、洗浴香波、浴巾、电视等服务。

（4）附加产品

指顾客购买形式产品和期望产品时，附带获得的各种利益的总和，包括说明书、保证、安装、维修、送货、技术培训等。

（5）潜在产品

指现有产品包括所有附加产品在内的，可能发展成为未来最终产品的潜在状态的产品。例如，彩色电视机可发展为放映机、电脑终端机等。这个层次意味着下一代新产品开发的方向。创业者需要从“整体产品”的高度来看待企业生产的产品和提供的服务，以清晰地看到自己产品满足客户需求的程度，并为产品创新提供方向指导。

2. 产品的目标市场定位

面临激烈的市场竞争，企业应从实际出发，发挥优势，扬长避短，将自身优势与社会需求相结合。从而让产品与目标市场定位无缝对接。在这个过程中，一般可分为目标市场细分和目标市场选择两个步骤。

（1）目标市场细分

市场细分对于企业产品定位具有重要意义，企业要想对市场进行细分就必须找到适当的、科学的依据。一般情况下，典型的因素主要由地理、人口统计、心理以及行为。市场主要的细分变量如表 8-1 所示。

表 8-1 市场主要细分变量

细分标准	典型划分		
地理	区域	城市或主城区大小	人口密度
	地形地貌	气候	交通条件
	农村	城市	其他
人口统计	年龄	家庭规模	家庭生命周期
	性别	收入	职业
	受教育程度	宗教	种族
	代系	国籍	社会阶层
心理	生活方式	个性	购买动机
	社会阶层	其他	—
行为	时机	利益	使用者情况
	使用频率	品牌忠诚情况	准备程度
	对产品的态度	—	—

（2）目标市场选择

凡事不要苛求得到所有人的认同。对于刚刚起步的创业者来说，不管你的前期工作做得多细，产品有多么好，也不可能得到所有人的认同。美国普利策奖获得者赫伯特·贝亚德·斯沃普曾说过：“我无法给你成功的公式，但能给你失败的公式，它就是试图让每一个人满意。”但是创业者在刚开始创业的时候，容易犯这样的错误，希望产品得到所有消费者的认可，甚至为了满足不同的消费者要求，反复完善和改变自己的产品。所以，选择自己的目标市场尤为重要。

拓展阅读

认识三种目标市场战略

1. 无差异市场营销

这是指企业将各细分市场之间的差异忽略不计，推出一种产品，运用一种市场营销组合方案，试图吸引尽可能多的顾客，为整个市场服务。无差异市场的核心，是针对市场需求中的共性开展市场营销，舍去其中的差异性，这种战略优点是可以减少品种，扩大批量，易于达到规模效益。

2. 差异市场营销

这是指企业针对各个细分市场的特点，分别设计不同的产品、制订不同的市场营销组合方案，满足各个细分市场上的不同需要。采用差异市场营销战略的优点为：一方面，可以更好地满足不同消费者的需要，有利于扩大销售；另一方面，企业可以同时在几个细分市场上占有优势。

3. 集中性市场营销

集中性市场营销也称密集性市场营销，就是企业选择一个或几个有利的细分市场作为目标市场，制订一套营销组合方案，集中力量为之服务，争取在这些目标市场上拥有较大市场份额。采用集中性市场营销战略的优点是：由于企业集中所有力量为一个或少数几个细分市场服务，企业就能比较深入地了解一个或少数几个细分市场的需要及其他情况，便于采取有针对性的市场营销战略，使之在竞争中居于有利的地位，从而提高企业的知名度。

（3）市场定位的策略

在市场上树立起本企业产品形象并非轻而易举的，企业必须采用恰当的市场定位策略，把本企业的产品定位在与竞争者相似或相近的位置上，同竞争者争夺同一细分市场。寻找新的尚未被占领的，但为许多消费者所重视的位置进行定位。即填补市场上的空白。当企业意识到自己无力与同行强大的竞争者相抗衡，从而获得绝对优势地位时，可根据自己的条件取得相对优势，即突出宣传自己与众不同的特色，在某些有价值的产品属性上取得领先地位，如美国“七喜”汽水突出宣传其不含咖啡因的特点，成为非可乐型饮料的领先者。

3. 产品的定价

产品价格是直接与收入挂钩的关键因素，也是市场竞争的基本武器。新产品定价要考虑消费者的价值认知，也就是消费者最高愿意花多少钱满足他的需求或解决他的问题，这是产品定价的上限；考虑产品的成本，新产品的价格应该高于成本，这是定价的底线，创业企业的新产品一般要以竞争对手的价格为参照，在其价格周围选择；考虑到未来的调整空间，包括对企业其他产品的影响，要基于产品的生命周期综合定价。

（1）撇脂定价策略

撇脂定价策略是以高价位来获得高额市场利润的一种定价策略。撇脂定价策略成功的条件是：有充足的市场需求量；市场价格敏感度低，需求弹性小；良好的产品品质及功能，吸引消费者愿意出高价；竞争者在短期内难以进入市场；在小规模的生产成本下，仍有充足的利润。“拍立得”快速照相机刚上市时，销售此类照相机的只有一家公司，所以该公司推出一种昂贵的机种，赚取大量利润后，再逐渐推出简单型的便宜机种。英特尔公司就常用撇脂定价法，每次推出最新的芯片都会定一个很高的价格，从专业用户那里获得高额利润，等到竞争对手也可以生产出来的时候就迅速大幅度降低价格，来进入大众化市场并打击竞争对手。

（2）渗透性定价策略

渗透性定价策略是以较低的价格打入市场，期望获得大量的市场占有率。渗透性定价策略的成功条件是：有足够大的市场需求；高度的价格敏感度及需求弹性；大量生产能产生显著的成本规模效益；低价是减少潜在竞争者的最佳策略。美国德州仪器公司是典型的渗透性定价成功的例子，他们大量生产、销售自己的产品，利用经验曲线的效率，将产品成本及价格不断拉低，一举占有了广大的市场。国内很多企业的新产品创新程度比较有限，采用渗透定价法或许是可取的。

（3）组合定价策略

如果企业开发出一系列产品，且产品之间关联性很强，开发的主产品必须使用特定的专属产品，或主产品使用过程中，附属产品也必须使用本企业开发的产品，对这种产品的定价策略是将主产品价位降低，甚至可以降低到成本以下以吸引更多的顾客，而对配置的附属品则采取高价策略，以期获取尽可能多的利润。这就是组合定价策略，如彩色喷墨打印机与喷头。企业以盈利为首要目标，所以定价要兼顾销售效率和企业效益。

打价格战是国内很多企业常用的竞争策略，但价格低并非总是奏效。你和你的朋友或许曾有这样的经历，同一款产品在两个不同商家卖不同的价格，一家是按全价销售，另一家则是八折销售，结果你们却选择了全价出售的那家。买卖双方信息不对称，使价格中蕴含了太多的附加信息，如品质、期限、真伪、质量、效用等，其中有些因素还带有臆测性。价格不仅与产品本身相关联，受市场供求关系影响，也与品牌的附加属性相关联，包括渠道和购物场所的信誉相联系。

（二）新企业的营销管理

1. 营销经典理论

（1）常引入的概念

4P：产品（Product）、价格（Price）、分销（Place）、促销（Promotion）。

7P：产品（Product）、价格（Price）、分销（Place）、促销（Promotion）、人员（People）、过程（Process）、有形展示（Physical evidence）。

4V：差异化（Variation）、功能化（Versatility）、附加价值（Value）、共鸣（Vibration）。

（2）顾客让渡价值

顾客让渡价值是指顾客总价值与顾客总成本之间的差额。顾客总价值是指顾客购买某一产品与服务所期望获得的一组利益，它包括产品价值、服务价值、人员价值和形象价值等。顾客总成本是指顾客为购买某一产品所耗费的时间、精神、体力以及所支付的货币资金等，顾客总成本包括货币成本、时间成本、精神成本和体力成本等，顾客在购买产品时，选择出价值最高、成本最低，即“顾客让渡价值”最大化的产品作为优先选购的对象。

企业可从两个方面改进自己的工作：通过改进产品、服务、人员与形象，提高产品的总价值；通过降低生产与销售成本，减少顾客购买产品的时间、精神与体力的耗费，从而降低货币与非货币成本。影响顾客让渡价值的因素如企业的营销组合策略、企业所处的市场环境、科技水平的进步乃至顾客的行为、意识等。

（3）SWOT 分析模型

SWOT 分析模型即态势分析法，被用于企业战略制定、竞争对手分析等场合。战略规划报告里，SWOT 分析工具包括分析企业的优势（Strengths）、劣势（Weaknesses）、机会（Opportunities）、威胁（Threats），是将对企业内外部条件各方面内容进行综合和概括，进而分析组织的优劣势、面临的机会和威胁的一种方法。通过 SWOT 分析，可以帮助企业把资源和行动聚集在自己的强项和有最多机会的地方，并让企业的战略变得更加明朗。

（4）制定目标的SMART原则

①目标必须是具体的（Specific）；

②目标必须是可以衡量的（Measurable）；

③目标必须是可以达到的（Attainable）；

④目标必须和其他目标具有相关性（Relevant）；

⑤目标必须具有明确的截止期限（Time-based）。

五个原则缺一不可。

（5）TQM（Total Quality Management）全面质量管理/全面品质经营

综合质量管理专家的思想精髓，我们认为是一种全员、全过程、全企业的品质经营。它指一个组织以质量为中心，以全员参与为基础，目的在于通过让顾客满意和本组织所有成员及社会受益而达到永续经营的管理途径。TQM是1961年美国质量管理专家费根鲍姆提出的。

（6）JIT准时生产方式（Just In Time）

其又称作无库存生产方式，零库存，一个流或者超级市场生产方式，是日本丰田汽车公司在20世纪60年代实行的一种生产方式。1973年以后，这种方式对丰田公司度过第一次能源危机起到了突出的作用，后引起其他国家生产企业的重视，并逐渐在欧洲和美国的日资企业及当地企业中推行开来，源自日本的其他生产、流通方式一起被西方企业称为"日本化模式"。

（7）长尾理论

由于成本和效率的因素，当商品储存流通展示的场地和渠道足够宽广，商品生产成本急剧下降以至于个人都可以进行生产，并且商品的销售成本急剧降低时，几乎任何以前看似需求极低的产品，只要有卖，都会有人买。这些需求和销量不高的产品所占据的共同市场份额，可以和主流产品的市场份额相比，甚至更大。

2. 构建营销渠道

产品制造商都会面临营销渠道的问题，但若企业本身是中间商或零售商，那么它自己就是渠道成员。创业企业的营销渠道建设需要从整体上来布局，对所有可能的渠道进行调研和综合评估，逐步构建渠道价值网络。

（1）领悟渠道思维

创业企业的营销管理者必须建立正确的渠道管理思维。营销渠道不仅要解决客户买不到产品的问题，更重要的是与品牌定位和产品特点相匹配，相得益彰，发挥协同效应。品牌所定位的层次也要与营销渠道层次相吻合，建设渠道和打造品牌双管齐下。创业企业需要帮助渠道伙伴顺利分销产品，直至产品被最终客户购买和使用，这才算渠道工作的真正完成。以往有些新企业常常误以为把产品销售给渠道成员就行了，他们卖得出去卖不出去不关我制造企业的事情，我收回货款就完事了。这种狭隘的做法完全是错误的，最终会导致渠道销售不能畅通运行。

（2）渠道战略决策

企业要考虑营销渠道是自建还是借用现成渠道。大多数新企业都会考虑借用营销中介机构和零售机构的现成渠道，只有少数工业品企业会一开始就自建营销渠道。对几乎所有快速消费品和部分耐用消费品行业，企业都是借用外部渠道而不是自建渠道。工业品企业一般既有外部渠道也有自建的渠道，通常自建的销售队伍专门开发大客户，传统的代理或经销渠道则满足中小客户的需求或提供服务支持。

因此，对于借助外部渠道资源的快速消费品企业，其自有销售人员主要开展渠道服务和促销工作；耐用消费品通常也借用外部渠道资源，但企业会有服务于渠道的销售队伍和外聘的终端促销人员队伍支持，品牌发展到一定程度可能会自建销售公司和品牌专卖店；工业品企业入市则可以先使用外部代理或经销商渠道，然后自建销售队伍。

（3）渠道系统设计

渠道系统设计分为三个步骤：首先，分析顾客的服务需求，了解顾客对于批量大小、空间便利、产品品种、等候时间、服务支持等方面的需求水平；其次，识别出主要的渠道选择方案；最后，对渠道方案进行评估，从经济性、可控性和适应性三个方面来评价和选择最合适的方案。创业型企业需要设计一套适合自身情况的渠道方案，其考虑的要点是渠道资源是否优质和渠道合作意愿如何。新创企业的渠道设计应该把握品牌先行和渠道创新两个关键思想。

（4）管理营销渠道

营销渠道建立之后需要进行长期的管理和维护，持续改进渠道绩效。渠道成员的选择上，需要对渠道成员的资源能力、合作意愿和行业口碑等方面进行综合评价，选择资源能力符合要求、合作意愿强烈和口碑不错的渠道合作伙伴。

对渠道成员进行培训，包括产品知识和营销技巧的培训，这种培训能直接提高渠道成员的销售能力和意愿，是很有必要做的渠道服务工作。激励渠道成员，要制定一套激励措施，定期给予渠道成员一定的激励，如年终返点、销售竞赛等活动。对渠道成员的绩效进行评估，包括销售指标完成情况、合作水平、特别贡献等方面综合评估，对业绩优异的渠道成员进行奖励和经验推广，对于业绩不理想的渠道成员则寻找原因甚至更换渠道成员。创业企业在稳定了现有渠道的基础上，要适时关注渠道的发展趋势，保持对新兴渠道形式的密切关注，努力向新兴渠道延伸市场，如开辟网上渠道、增加专卖店等，扩大市场覆盖面。企业增加新渠道，通常都会受到现有渠道成员的反对，但只要新渠道瞄准的目标消费者和现有的消费者有区别，就可以建立多渠道系统，关键是如何解决渠道冲突问题。

二、新企业的财务与战略管理

（一）新企业的财务管理

一位著名企业家说：“股东投资求回报，银行注入图利息，员工参与为收入，合作伙伴需赚钱，父老乡亲盼税收。只有消费者、股东、银行、员工、社会、合作伙伴六者的‘均衡收益’，才是真正意义的‘可持续收益’；只有与人民大众命运关联的事业，才是‘可持续的事业’。”

1. 财务管理的观念

(1) 货币时间价值观念

创业者必须明白货币是有时间价值的，一定量的货币在不同时点上具有不同的经济价值。这种由于货币运动的时间差异而形成的价值差异就是利息。创业者必须注重利息在财务决策中的作用，一个看似有利可图的项目，如果考虑货币的时间价值，很可能会变成一个得不偿失的项目，尤其是在通货膨胀的时期。

(2) 效益观念

取得并不断提高经济效益是市场经济对现代企业的最基本要求，在财务管理方面必须牢固确立效益观念。筹资时，要考虑资金成本；投资时，要考虑收益率；在资产管理上，要用活、用足资金；在资本管理上，要保值增值，既要“开源”，也要“节流”。有人认为，公司经营在本质上是资金的经营。

(3) 竞争观念

竞争是市场经济的一般规律。在市场经济条件下，价值规律和市场机制对现代企业经营活动的导向作用在不断强化，无情地执行着优胜劣汰的原则。市场供求关系的变化，价格的波动，时时会给公司带来冲击。针对来自外界的冲击，创业者必须有充分的准备，要强化财务管理在资金筹集、资金投放、资金运营及收入分配中的决策作用，并在竞争中增强承受和消化冲击的应变能力，不断增强自身的竞争实力。

(4) 风险观念

风险是市场经济的必然产物，风险形成的原因可归结为现代公司财务活动本身的复杂性、客观环境的复杂性和人们认识的局限性。在财务经营过程中，由于不确定因素的作用，使公司的实际财务收益与预期财务收益发生差异，而带来蒙受经济损失的可能。

2. 财务管理须注意的事项

如果创立的是很小的企业，创业者可称为公司里面眉毛胡子一把抓的经理人，那么财务决策当然就是创业者个人做主的事了。即便是创立了比较正规的公司，资金规模较大，公司设立了财务部并设有财务经理、财务主管或财务总监，创业者也必须把握公司经营运作的财务状况，必须参与有关财务管理的决策。在制定财务决策时，创业者应注重以下几个方面。

(1) 掌握资金运动规律

注重从公司经济、市场经济、产业经济的角度出发，对财务问题进行多方面的考虑。

(2) 更新方法

不但要注重质的分析，而且要注重量的分析，通过专业的财务分析与管理工具，优化理财决策。

(3) 充实内容

不能只管资金的收支，还要熟悉在资本市场上融通资金的业务，有效地进行资金预算的编制、现金计划的编制、有价证券以及应收账款和存货等营运资金的管理与控制、长期投资的可行性研究、投资收益的评估等。

（4）收益与风险的权衡

要能够评价和计量经营风险和财务风险，避免公司承担超过收益限度的风险。在追加收益的同时，要努力分散风险和规避风险。

（5）研究资金成本

要注意探讨不同筹资方式下资金成本的计量方法以及怎样以最低的代价筹集企业生产经营所必需的资金。

（6）关注理财所涉及的法律问题

有必要了解资本市场的交易规则、各类金融工具的权责关系、举债经营的法律责任等问题，要掌握税法。

（7）研究目标资本结构

要根据公司内外理财环境的变化，优化公司的资本结构，合理利用经营杠杆和财务杠杆，使公司在良好的财务状态下，获得最大的收益。另外，需注意通货膨胀对企业财务的影响。

（8）学习国际理财的理论和方法

学习国际理财的理论和方法，例如外汇风险的规避，学习国际投资融资决策方法。要能够准确评价企业的财务状况，预防出现财务危机。当处于财务困境时，有能力提供相应对策。

（二）新企业的战略管理

企业战略管理是从全局和长远的观点研究企业在竞争环境下生存与发展的重大问题，是现代企业高层领导人最主要的职能，在现代企业管理中处于核心地位，新企业的战略管理更是决定企业经营成败的关键。

1. 战略管理的三个层次

理论上认为企业战略可分为三个层次：公司战略（Corporate Strategy）、业务战略或竞争战略（Business Strategy）和职能战略（Functional Strategy）。这三个层次的战略都是企业战略管理的重要组成部分，但侧重点和影响的范围有所不同。

（1）公司战略

又称总体战略，是企业最高层次的战略。它需要根据企业的目标，选择企业可以竞争的经营领域，合理配置企业经营所必需的资源，使各项经营业务相互支持、相互协调。如在海外建厂、在劳动成本低的国家建立海外制造业务的决策。

（2）公司的二级战略

常常被称作业务战略或竞争战略。业务战略涉及各业务单位的主管及辅助人员。这些经理人员的主要任务是将公司战略所包括的企业目标、发展方向和措施具体化，形成本业务单位具体的竞争与经营战略。如推出新产品或服务、建立研究与开发设施等。

（3）职能战略

又称职能层战略，主要涉及企业内各职能部门，如营销、财务和生产等，如何更好地为各级战略服务，从而提高组织效率，如生产过程自动化。

2. 战略管理步骤

企业在不断发展，在不断壮大，在企业的发展过程中，随着不同的发展阶段、不同的外部环境，资源的价值和资源的控制力度也就不一样。因此，组织在不同的发展阶段，不同的外部条件下，其战略、战术也是不一样的，企业的战略也会不断地作出调整。

（1）战略分析

战略分析的主要目的是评价影响企业发展的关键因素，并确定在战略选择步骤中的具体影响因素。战略分析包括确定企业的使命和目标；战略分析要了解企业所处的环境正在发生哪些变化，这些变化给企业将带来更多的机会还是更多的威胁；战略分析还要了解企业自身所处的相对地位，具有哪些资源以及战略能力；了解与企业有关的利益和相关者的利益期望，在战略制定、评价和实施过程中，这些利益相关者会有哪些反应，这些反应又会对组织行为产生怎样的影响和制约。

（2）战略选择

战略分析阶段明确了“企业目前状况”，战略选择阶段所要回答的问题是“企业走向何处”。在制定战略过程中，当然是可供选择的方案越多越好。企业可以从对企业整体目标的保障、对中下层管理人员积极性的发挥以及企业各部门战略方案的协调等多个角度考虑，选择自上而下的方法、自下而上的方法或上下结合的方法来制订战略方案。

（3）评估战略备选方案

评估备选方案通常使用两个标准：一个是考虑选择的战略是否发挥了企业的优势，克服劣势，是否利用了机会将威胁削弱到最低限度；另一个是考虑选择的战略能否被企业利益相关者所接受。需要指出的是，实际上并不存在最佳的选择标准，管理层和利益相关团体的价值观和期望在很大程度上影响着战略的选择。此外，对战略的评估最终还要落实到战略收益、风险和可行性分析的财务指标上。

（4）战略实施

战略实施就是将战略转化为行动。主要涉及以下一些问题：如何在企业内部各部门和各层次间分配及使用现有的资源；为了实现企业目标，还需要获得哪些外部资源以及如何使用；为了实现既定的战略目标，需要对组织结构做哪些调整；如何处理可能出现的利益再分配与企业文化的适应问题，如何进行企业文化管理，以保证企业战略的成功实施等。

（5）战略评价

战略评价就是通过评价企业的经营业绩，审视战略的科学性和有效性。战略调整就是根据企业情况的发展变化，即参照实际的经营事实、变化的经营环境、新的思维和新的机会，及时对所制定的战略进行调整，以保证战略对企业经营管理进行指导的有效性。包括调整公司的战略展望、公司的长期发展方向、公司的目标体系、公司的战略以及公司战略的执行等内容。

企业战略管理的实践表明，战略制定固然重要，战略实施同样重要。一个良好的战略仅是战略成功的前提，有效的企业战略实施才是企业战略目标顺利实现的保证。另外，如果企业未能完善地制定出合适的战略，但是在战略实施中，能够克服原有战略的不足之处，那也有可能最终导致战略的完善与成功。当然，如果对于一个不完善的战略选择，在实施中又不能将其扭转到正确的轨道上，就只有失败的结果。

三、新企业的文化与人力资源管理

（一）新企业的文化管理

企业文化被称作企业的灵魂和精神支柱，是企业发展的动力之源。没有真正深入人心的良好企业文化，创业就是建立在沙滩之上，随时有可能出现严重的风险事故，甚至是灭顶之灾。而企业文化的精髓是创业者的创业精神，这是凝聚员工的一笔“不可复制”的财富，更是初创企业生存和发展的关键。华为总裁任正非曾说过：“资源是会枯竭的，只有文化才会生生不息。”自创业之初，任正非就亲手培育和创建了生生不息的华为文化，并以企业文化为先导来经营企业，才有了今天的华为。

1. 着力形成比较固定的企业价值观

价值观是企业文化的基石和核心。企业价值观是指企业及其员工的价值取向，是企业在追求经营成功过程中所推崇的基本信念和奉行的目标，因此它对企业员工有着巨大的内聚作用。大多数快速成长的企业都有比较固定的企业价值观，创业者往往倾注全部心血使企业的价值观延续，用以支撑初创企业的生存和健康发展。知识经济时代需要创业企业形成符合企业实际、独具特色、充满挑战性的理想与追求，并能为广大员工所接受的核心价值观。

经典案例

麦当劳的价值观：以人为本，优质、服务、清洁、价值。

肯德基的价值观：以人为本，顾客满意、沟通合作、奖惩分明、提供机会。

星巴克的价值观：为客人煮好每一杯咖啡。

迪士尼公司的价值观：极为注重一致性和细节刻画；通过创造性、梦幻和大胆的想象不断取得进步；严格控制、努力保持迪士尼“魔力”的形象。

联想公司的价值观：成就客户、创业创新、精准求实、诚信正直。

（资料来源：https：//wenku. baidu. com/view/e634b3d26237ee06eff9aef8941ea76e58fa4a1e. html，有改动）

2. 营造浓郁的企业文化氛围

企业文化是企业的无形资产，作为一种资源，其是创业初期企业的第一桶金，创业者应当用心培育和塑造。企业文化的培育是一个长期的过程，需要在企业内营造一个浓郁的文化氛围。培育创业企业文化应当突出个性，不要千篇一律的口号，既要追求时代特色，又要符合企业实际。个性鲜明、富有特色的企业文化，对内能使员工目标明确、行动统一、行为规范、积极奋进、创新创业、勇攀高峰；对外则能使社会加深对企业的了解及理解，树立企业良好形象，增加对企业的信任度和美誉度。

（二）新企业的人力资源管理

人力资源管理是指在经济学与人本思想指导下，通过招聘、甄选、培训、报酬等管理形式对组织内外相关人力资源进行有效运用，满足组织当前及未来发展的需要，保证组织目标实现与成员发展的最大化的一系列活动的总称。也即预测组织人力资源需求并做出人力需求计划、招聘选择人员并进行有效组织、考核绩效支付报酬并进行有效激励、结合组织与个人需要进行有效开发，以便实现最优组织绩效的全过程。学术界一般把人力资源管理分为六大模块：人力资源规划、招聘与配置、培训与开发、绩效管理、薪酬福利管理、劳动关系管理。

一个新创企业中，人力资源是最活跃、最重要的创业资源。为了保障企业按照既定的战略和组织体系有序运行，必须有效管理企业的人力资源。新创企业人力资源管理的内容与成熟企业的人力资源管理有所不同，主要包括创业团队的组建、明确岗位职责、招聘合适员工、管理员工、寻找企业顾问伙伴等。

经典案例

E 店宝是一家为电商开发 ERP（企业资源计划）系统的企业。2004 年公司成立时只有几个人，到现在已经增至近 500 人。对 E 店宝的掌门人陈涛来说，团队管理很简单，那就是把好员工留下，把不符合 E 店宝要求的人淘汰掉。在 E 店宝，新员工入职首先要进行为期七天的培训，培训过程中必须末位淘汰，每十个人淘汰一个。这样就能把与公司价值观不一致的员工淘汰掉，留下的是肯学肯干的人。所有的新人都不会被直接安排到工作岗位上去，而是被安排到一线客户那里去实习两个月。通过这种与客户及老员工面对面的沟通，让新人对公司产生认同感。

E 店宝另一个关于员工实事求是的制度是员工评级制度，每位部门经理都可以根据该制度评判员工的等级，每个等级都有相应的工资待遇。

E 店宝按能力和价值观把员工分为五大类：能力和价值观都高的，称为黄金员工；能力和价值观都差的称为废铁员工；能力很好、价值观很差的称为铁锈员工；能力不好、价值观很好的称为铁员工；价值观、能力都一般的称为钢员工。对废铁员工立即淘汰，铁锈员工是危害公司很强的人，会腐蚀、影响周围的员工，这样的人也要立即淘汰；铁员工要轮岗，可能会找到合适的位置，成为钢员工。陈涛希望出现的理想团队构成是 80%的钢员工、20%的黄金员工。这就是一种面对员工能力和潜力的实事求是态度的最好体现。

（资料来源：刘霞，宋卫．大学生创新创业基础与实践［M］．北京：人民邮电出版社，2021.）

1. 团队的组建

新企业在初创时，尽管建立了正式的部门结构，但很少有按正式组织方式运作的。典型的情况是，虽然有名义上的分工，但运作起来是哪急、哪紧、哪需要，就都往哪里去。这其实就是创业团队组建、发展的过程。1964 年，塔克曼将团队发展描述成由四个部分组成的一个过程，这四个部分是建立（Forming）、动荡（Storming）、规范（Norming）和行动（Performing）（见图 8-1）。这是团队发展必经的道路，否则任何未完事项、对立和个人隐藏的目的都会妨碍团队效益。

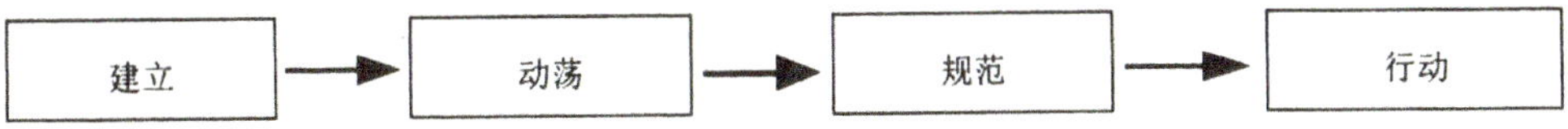

图 8-1　团队的发展过程示意图

（1）建立阶段

建立阶段即形成阶段，在这个阶段中，成员讨论目标、判别团队该如何运行、人员组合是否合适、何时完成任务等。开始的时候，团队的各个成员聚集到一起，每个人都迫切想知道他们的工作任务是什么。他们会思考一些问题，如我们到这里要做什么、怎么做？当他们面对突发的情况时，有的十分焦虑、有的坚持。在这一时期成员之间的信任一般处于低谷阶段。本阶段团队进行的主要活动应该是交流思想和收集信息。

在建立阶段，个人的需要摆在首要位置，他们需要确定各自的工作任务是什么，未来将迈向何方。团队领导必须做很多的沟通，增进其本人与每个成员的了解和信任，并就未来的打算和他们沟通，向团队成员介绍自己的观点，回答“我们要做什么”的问题，并努力促成个人目标与未来事业目标的结合。团队的需要则被摆在中间位置，团队还在探索发展方式和操作方式，团队领导需要设法促进团队成员的相互了解，增进共识。在这个阶段，尽管任务的需要还很低，也要努力推动工作进展。

（2）动荡阶段

动荡阶段的特征是意见分歧。此时成员发现其他人带有自己的隐藏目的，在团队目标上也许尚未真正达成一致。这个时候，成员开始变得非常活跃，但当团队试图寻求拥有共同目标时，成员之间可能会出现意见不合和冲突。如果处理得当，本阶段将富有创造性。在这个阶段，个人需要仍保持较高水平，因此必须继续满足个人的需要并使全体成员安心。随着成员提出不同的观点，团队的需要也逐渐提高。这时要注意所出现的问题信号，并避免某一两个人在群体中占据优势而压制其他成员的需要或意见。随着冲突的产生，正视冲突并有针对性地帮助团队成员解决冲突变得越来越重要。团队仍旧处于发展过程中，团队领导需要把任务看作推动团队发展并解决动荡问题的工具。塔克曼认为，如果这一冲突解决得好，那么群体的有效运转就有了基础。

（3）规范阶段

在规范阶段，人们找到了一个工作的真正基础，其关键就是共识、信任、计划和合理分工。成员们了解彼此的优点和弱点，了解在哪些方面可以互相帮助以及如何真正作为一个团队一起工作。他们在团队目标、标准和任务上达成更坚定的一致；他们制定出决策方法和切合实际的时间表。在这一阶段，团队、个人可以得心应手地处理在团队中遇到的事情，他们的个人需要在某种程度上降低了；而团队需要很高，团队致力于在行动准则和工作程序上达成一致；任务需要的重要性开始凸显，团队领袖应该注重目标的制定，并激励团队成员为目标作出贡献，督促每个团队成员全力以赴，并加强合作。

（4）行动阶段

前面各阶段顺利完成后就到了最后的行动阶段。这标志着该群体现在已成长为一个成熟的团队，大家共同努力，按照标准和规定的时间执行任务。团队成员互相支持，努力达成团队目标，并从中获得自豪感和满足感。这个时候的个人与团队需要处于中等水平，团队领导的精力主要放在任务需要上，帮助团队制订并监控计划，时刻谨记团队目标。这个阶段要小心团队退回到前一个阶段。在一个创业团队中，成员的知识结构越合理，创业的成功性越大。纯粹的技术人员组成的公司容易形成技术为主、产品为导向的情况，从而使产品的研发与市场脱节；全部由市场和销售人员组成的创业团队缺乏对技术的领悟力和敏感性，也容易迷失方向。

大学生寻找创业合作伙伴跟找对象的道理是一样的，可遇而不可求，要看缘分。理想的合伙人，能够在某些方面给你特别的帮助和支持，对事业快速发展会有帮助；一般的合伙人，其水平、能力、资源不见得很理想，但很愿意跟创业领导者一起做。在找创业合伙人的时候，真正想要找到理想的合伙人不太容易，需要一定的时间和机缘，而寻找次优一点的搭档则相对容易，可以搭搭手、帮帮忙，使得你的生意能够稳定，对你起步会有较大帮助。

2. 明确每个岗位的主要职责

人力资源的常规工作就是把岗位的工作职责制成岗位说明书。岗位说明书能够使员工明确了解企业需要他们做什么工作。企业可用它来评价员工的工作绩效。岗位说明书应该包括岗位的名称、该岗的工作说明、该岗位的上下级关系，以及该岗位员工所应具备的素质和技能等。

3. 招聘合适的员工

企业招聘员工，主要需要考虑以下几点。

①哪些岗位需要招聘员工。

②这些需要招聘的员工应具备什么样的技能和其他要求。

③需要招聘的具体人数。

④需要向这些招聘的员工支付多少工资。

企业需要参照岗位职责的要求来聘用人员，不仅需要考虑到员工的专业技能，还要把握员工的素质与品行。一般要进行面试，甚至书面的测试，而不要仅凭个人简历就做出招聘决定。通过一些技巧性的问题，可以掌握应聘人员的基本情况。例如，请介绍你原来的工作经历，谈谈你有什么样的知识技能？你为什么想来本企业工作，你希望得到什么职位？为什么要离开原来的单位？如何评价你原来的工作？你以前的工作经历中最满意的成就是什么？最不满意的地方是什么？你认为你有哪些优点和弱点？如果有人对你态度不友好，你会做出怎样的反应？你怎样支配业余时间？有什么兴趣爱好？

除了一般的提问，还可以利用专业的职业测评技术，评价应聘人员的各种素质和应聘岗位的匹配程度，这能更加科学地帮助我们判断应聘者是否适合岗位的需要，而且有良好的意愿来本企业工作。一次成功的招聘，大致包括明确招聘岗位和岗位职责、发布招聘信息、简历初选，确定面试人员、面试选拔、录用（签订劳动合同）、试用、转正8个步骤。

4. 管理员工

良好的员工管理方式，可以提升企业的效益，使我们的事业更容易成功。管理好员工，可从以下几个方面着手：

①向企业的每一名员工说明企业的详细情况，明确他们的工作任务；

②给企业的员工提供与其工作相应的工资和奖金；

③尽可能让员工的工作稳定，并给他们提供良好的工作条件；

④让员工融入企业的团队之中，让他们对企业和团队有归属感；

⑤对企业的员工进行必要的绩效考评，并根据考评结果实施奖惩；

⑥尽可能为你的员工提供培训和学习的机会，为他们在企业中升职和发展提供机会。

同时，还要正确面对问题员工，积极应对各类问题，切忌简单草率。每一个创业者需要明白，在一定时期内，员工出现问题并影响到工作是管理中常见的现象，发现问题、共同解决问题，帮助他们成为合格的员工，将降低企业用人成本。

平时采取一些预防措施，注意调动员工的工作积极性，如培训、定期体检、举办员工活动等都有积极的意义。管理员工需要制度保障，特别是在创业型的企业，创业带头人的个人魅力对员工的影响更加直接和有效。

5. 寻找企业顾问

大学生创业，有很多外部资源可以挖掘和利用。你可以考虑从一些企业、公益组织、中介和教育机构，乃至政府部门那里获取帮助、信息、咨询意见和培训。为谨慎起见，在企业聘请顾问之前，一定要注意了解顾问的资历背景，以免上当受骗。

能力训练

选择企业组织形式

（一）熟悉企业组织形式的种类

企业组织形式，根据不同的标准具有不同的分类。请查找资料，找出所有公司组织形式的种类，并分析出每种组织形式的成立条件、特征、与其他形式的区别。按照企业规模划分，可参考以下表格。

企业组织形式	成立条件	特征（优缺点）	区别
个体工商户			
个人独资企业			
合作企业			
有限责任公司			
股份有限公司			

（二）分析影响因素

要选择创业公司的组织形式，创业者会分析哪些重要因素，请在理解上述内容的基础上结合你们团队的创业项目进行分析。请将关键点例如资产保护情况、责任情况、税收情况等进行记录。

（三）确定企业组织形式

请将以上分析要素进行总结，制作成*PPT*形式，使其形成一个具有说服力的方案，最后确定你们团队的企业组织形式，并向其他小组展示，记录其他小组及老师的建议或意见。

第九章　合作创业

案例导入

张华和李强，他们在大学时代就是室友，并且经常一起探讨各种创意和商业机会。毕业后，两人都进入了职场，但内心却始终怀揣着创业的梦想。

几年后，张华和李强在一次聚会上再次相遇，他们发现彼此都对当前的工作不太满意，都希望能够有更大的发展空间。于是，两人开始商量合作创业的可能性。

经过深入讨论，他们决定进军当时正在迅速发展的互联网行业。张华擅长技术研发，而李强则对市场营销有着独到的见解。两人一拍即合，决定共同创立一家互联网公司。

创业初期，他们面临着资金短缺、市场竞争激烈等种种困难。然而，张华和李强并没有放弃，他们互相鼓励、互相支持，共同度过了这段艰难的时期。

随着公司业务的不断发展，他们逐渐吸引了一批志同道合的团队成员。大家一起努力，共同推动公司向前发展。在他们的带领下，公司逐渐在行业中崭露头角，获得了越来越多的客户和市场份额。

如今，他们的公司已经发展成为一家颇具规模的互联网公司，在行业内有着较高的知名度和影响力。张华和李强也实现了自己的创业梦想，成为成功的创业者。

（资料来源：张雪黎，刘安卿．大学生创新创业教程［M］．北京：人民邮电出版社，2017.）

学习目标

了解合伙制创业的特点；

学会评估合作创业的风险；

了解项目合作制创业的合作模式与策略。

第一节　合伙制创业

一、合伙制创业概述

（一）定义与特点

合伙制创业，作为一种独特的商业模式，其定义在于多个合伙人共同出资、共同经营、共享利润、共担风险，以达成共同的商业目标。这种模式的特点在于其灵活性和协作性，能够充分发挥每个合伙人的专业能力和资源优势，实现资源的优化配置和高效利用。据相关数据显示，近年来，合伙制创业在各行各业中呈现出蓬勃发展的态势，尤其在互联网、科技、文化等领域，合伙制创业更是成了一种主流的商业模式。例如，某知名科技公司便是由几位合伙人共同创立，他们各自拥有不同的技术背景和资源优势，通过合伙制的方式，成功将公司打造成了行业的领军企业。这一案例充分展示了合伙制创业在资源整合和协作方面的优势。

此外，合伙制创业还具备风险共担的特点。在创业过程中，风险是不可避免的，而合伙制创业通过多人共同承担风险，降低了单一创业者面临的风险压力。这种风险共担的机制有助于增强合伙人的凝聚力和向心力，使他们在面对困难和挑战时能够团结一心、共同应对。同时，合伙制创业也注重长期利益，而非短期利益，这使得合伙人在决策时能够更加注重企业的可持续发展和长远利益。

综上所述，合伙制创业以其独特的定义和特点，在创业领域中展现出了强大的生命力和广阔的发展前景。通过充分发挥合伙人的专业能力和资源优势，实现资源的优化配置和高效利用；通过风险共担的机制，增强合伙人的凝聚力和向心力；注重长期利益，推动企业的可持续发展。这些优势使合伙制创业成了一种值得推崇和借鉴的商业模式。

（二）合伙制创业的优势

合伙制创业的优势在于其能够汇聚多方资源，实现优势互补。以某知名科技公司为例，该公司通过引入多位合伙人，成功整合了技术、市场、资本等多方面的资源，实现了业务的快速增长。数据显示，在合伙人加入后的几年内，该公司的营收和利润均实现了翻倍增长，市场份额也大幅提升。

此外，合伙制创业还具备风险共担的特点。由于合伙人共同承担创业风险，因此能够降低单一创业者面临的压力，提高创业成功率。据相关统计数据显示，合伙制创业企业的存活率明显高于个人创业企业，这充分证明了合伙制创业在风险应对方面的优势。

同时，合伙制创业还能够激发团队成员的积极性和创造力。在合伙制企业中，每个合伙人都是企业的主人，他们拥有更多的决策权和话语权，能够充分发挥自己的专业能力和创新思维。这种机制有助于形成积极向上的企业文化，推动企业的持续发展。

正如一位著名企业家所言："一个人走得快，一群人走得远。"合伙制创业正是通过集聚一群志同道合的人，共同追求创业梦想，实现共创未来、共享成功的目标。因此，在当前经济形势下，合伙制创业已经成为越来越多创业者的选择。

二、合伙人的选择与匹配

（一）合伙人的角色与定位

在合伙制创业中，合伙人的角色与定位至关重要。合伙人不仅是共同承担风险和分享收益的伙伴，更是企业发展的重要支柱。他们各自扮演着不同的角色，共同推动着企业的成长和发展。

以阿里巴巴为例，马云作为创始人之一，担任着领导者和战略家的角色，他以其前瞻性的眼光和卓越的领导力，引领着阿里巴巴不断前行。而蔡崇信则作为财务和投资专家，负责企业的资本运作和财务管理，为阿里巴巴的稳健发展提供了坚实的保障。这两位合伙人的角色定位清晰，各自发挥着自己的优势，共同推动了阿里巴巴的快速发展。

在合伙制创业中，合伙人的角色定位需要根据企业的实际情况和市场需求进行灵活调整。例如，在初创阶段，可能需要更多的技术专家和市场营销人员来推动产品的研发和市场推广；而在企业成熟阶段，则可能需要更多的管理专家和财务专家来确保企业的稳健运营和持续发展。

此外，合伙人的角色定位还需要考虑其个人能力和兴趣。一个优秀的合伙人应该具备与其角色定位相匹配的专业技能和经验，同时还需要具备高度的责任心和团队精神。只有这样，才能确保合伙人在企业发展中发挥最大的价值。

（二）合伙人的选择与评估

在合伙制创业中，合伙人的选择与评估是至关重要的一环。一个优秀的合伙人团队能够带来互补的技能和资源，共同推动企业的发展。因此，在选择合伙人时，需要综合考虑多个因素，包括个人背景、专业能力、价值观等。

首先，个人背景是评估合伙人的重要依据。例如，在科技创业领域，拥有相关领域的学术背景或工作经验的合伙人往往更具优势。他们能够快速理解市场需求，把握技术趋势，为企业的创新和发展提供有力支持。此外，合伙人的教育背景、职业经历等也是评估其能力和潜力的关键因素。

其次，专业能力是评估合伙人的重要指标。在合伙制创业中，每个合伙人都应该具备独特的专业技能和优势，以便在团队中发挥最大的价值。例如，有的合伙人擅长市场营销，有的擅长技术研发，有的擅长财务管理等。这些专业技能的互补性能够提升整个团队的竞争力。

最后，价值观的一致性也是选择合伙人的重要考量因素。合伙人之间应该具有相似的价值观和愿景，以便在合作过程中能够达成共识，共同推动企业的发展。如果合伙人之间的价值观存在较大的差异，可能会导致合作过程中的矛盾和冲突，影响企业的稳定和发展。

在评估合伙人时，还可以借鉴一些成功的案例和经验。例如，阿里巴巴的合伙人制度就是一个成功的案例。阿里巴巴在选择合伙人时，注重考察其领导能力、业务能力和价值观等方面，确保每个合伙人都能为企业的长远发展作出贡献。这种严谨的合伙人选择机制为阿里巴巴的持续发展奠定了坚实的基础。

综上所述，合伙人的选择与评估是合伙制创业中的关键环节。通过综合考虑个人背景、专业能力、价值观等因素，并借鉴成功案例和经验，可以筛选出合适的合伙人，共同推动企业的发展。同时，随着市场的不断变化和企业的发展需求，合伙人团队也需要不断地调整和优化，以适应新的挑战和机遇。

三、合伙制创业的组织架构与运营

（一）组织架构设计与优化

在合伙制创业中，组织架构设计与优化是确保企业高效运转和持续发展的关键一环。一个合理的组织架构能够明确各部门的职责与权限，促进信息的流通与共享，提高决策效率。以某知名科技公司为例，其通过扁平化的组织架构设计，减少了决策层级，使得基层员工能够更直接地参与到公司的决策过程中，从而提高了企业的创新能力和市场响应速度。

在优化组织架构的过程中，需要注重团队之间的协同与配合。通过设立跨部门协作小组或项目团队，可以打破部门壁垒，促进资源的共享与整合。此外，引入项目管理工具和方法，如敏捷开发、SCRUM 等，可以进一步提高团队协作的效率和质量。根据一项研究数据显示，优化后的组织架构能够提高员工满意度和绩效水平，进而推动企业的整体发展。

同时，组织架构的设计还需要考虑企业的战略目标和市场环境。随着市场的不断变化和竞争的加剧，企业需要及时调整组织架构以适应新的发展需求。例如，在面临数字化转型的挑战时，一些企业选择成立专门的数字化部门或团队，以推动企业的数字化转型进程。这种灵活性和适应性是合伙制创业组织架构设计与优化的重要体现。

综上所述，组织架构设计与优化是合伙制创业中不可或缺的一环。通过合理的组织架构设计，可以明确各部门的职责与权限，促进信息的流通与共享，提高决策效率。同时，不断优化组织架构以适应市场变化和战略需求，也是确保企业持续发展的关键所在。正如著名管理学家彼得·德鲁克所言："管理的本质不在于知，而在于行。"在合伙制创业中，我们更应注重组织架构设计与优化的实践与应用。

（二）运营管理与决策机制

在合伙制创业中，运营管理与决策机制是确保企业高效运转和持续发展的关键。一个优秀的运营管理体系能够协调各方资源，优化业务流程，降低成本，提高生产效率。而决策机制则决定了企业在面对市场变化、竞争压力等挑战时，能够迅速、准确地做出决策，抓住机遇，规避风险。

以某知名科技公司为例，该公司采用合伙制创业模式，通过构建完善的运营管理体系和决策机制，实现了快速发展。在运营管理方面，该公司注重流程优化和资源整合，通过引入先进的生产技术和设备，提高了生产效率和质量。同时，该公司还建立了严格的成本控制体系，通过精细化管理，降低了生产成本，提高了盈利能力。

在决策机制方面，该公司实行民主集中制，鼓励合伙人积极参与决策过程。在重大决策时，公司会组织合伙人进行充分讨论和评估，确保决策的科学性和合理性。此外，该公司还注重引入外部智慧，通过聘请行业专家和顾问，为公司提供战略指导和决策支持。

通过运营管理与决策机制的优化，该公司不仅提高了企业的运营效率和市场竞争力，还增强了合伙人之间的凝聚力和信任度。这种良好的运营管理和决策机制为公司的长远发展奠定了坚实的基础，也为其他合伙制创业企业提供了有益的借鉴和启示。

四、合伙制创业的风险管理与控制

（一）风险识别与评估

在合伙制创业中，风险识别与评估是至关重要的一环。我们需要通过市场调研、竞争分析等手段，识别出潜在的市场风险，如市场需求变化、竞争对手的崛起等。据相关数据显示，市场风险的忽视往往导致创业项目失败率高达百分之百。因此，我们必须时刻保持警惕，密切关注市场动态。

除了市场风险，合伙制创业还面临着合伙人之间的合作风险。合伙人之间的信任、沟通、分工等问题都可能成为合作的绊脚石。例如，某知名创业团队因合伙人之间的分歧和矛盾，最终导致了团队的解散和项目的失败。因此，在合伙人的选择和匹配上，我们需要进行深入的评估，确保合伙人之间的价值观、能力、性格等方面能够相互匹配，形成合力。

经典案例

在鹤岗，有两位“95后”的年轻人——杨孟军和他的兄弟，他们共同决定合伙开了一家烧烤店。开始时，他们的生意红火，客流量大，收入可观。他们满怀壮志，计划在三个月内回本，然后买车，开连锁店。然而，随着时间的推移，生意开始走下坡路，客流量减少，收入下降。

面对这种情况，他们开始互相指责。杨孟军认为，兄弟没有招呼好客人，导致招待不及时，而兄弟则认为杨孟军的烧烤配料不如以前，烤得也不用心。最终，两人因为经营理念的分歧而大打出手，闹翻。

然而，杨孟军并没有因此放弃。他反思了自己的问题，决定吸取兄弟的意见，修改经营模式，改进烧烤配方。他坚信，只要他们兄弟齐心，一定能够渡过难关，把店铺经营好。

这个故事展示了合伙创业中的挑战和困难。在合伙创业中，合伙人之间可能会因为经营理念、分工、责任等问题产生分歧。然而，只要他们能够以开放的心态面对问题，积极沟通，互相理解，就有可能克服困难，实现共同的目标。

在风险识别的基础上，我们还需要运用科学的风险评估方法，对风险进行量化和分析。这可以通过建立风险评估模型、制定风险评估指标等方式来实现。例如，我们可以根据历史数据和专家意见，对风险进行概率和影响的评估，从而确定风险的优先级和应对策略。

“今天很残酷，明天更残酷，后天很美好，但大部分人都死在明天晚上。”这句话深刻揭示了创业过程中的风险与挑战。因此，在合伙制创业中，我们必须时刻保持清醒的头脑，对风险进行充分的识别与评估，确保创业项目的稳健发展。

（资料来源：https：//www.163.com/dy/article/GO2HVU2S05118D5B.html，有改动）

（二）风险应对策略与措施

在合伙制创业中，风险应对策略与措施是确保企业稳健发展的关键。风险识别与评估是制定有效风险应对策略的基础。通过 SWOT 分析、PEST 分析等模型，我们可以全面识别企业面临的内部和外部风险，并对其进行量化评估。例如，某合伙制创业公司在初创期面临资金短缺的风险，通过评估发现该风险对公司发展具有较大影响，因此决定采取积极融资的策略。

针对识别出的风险，合伙制创业公司需要制定具体的风险应对策略。以资金短缺风险为例，公司可以通过寻求银行贷款、引入战略投资者、发行债券等多种融资方式来缓解资金压力。同时，为了降低市场风险，公司可以加强市场调研，精准定位目标客户，优化产品设计和营销策略。此外，对于可能出现的法律风险，公司应建立健全的法律顾问制度，确保企业运营合规。

在实施风险应对策略的过程中，合伙制创业公司还需要注重风险监控与调整。通过定期的风险评估，公司可以及时发现新的风险点，并对原有的风险应对策略进行调整和优化。此外，公司还可以建立风险预警机制，对潜在风险进行提前预警和应对。例如，当市场环境发生变化时，公司可以迅速调整产品策略和市场布局，以适应新的市场需求。

总之，在合伙制创业中，风险应对策略与措施是确保企业稳健发展的重要保障。通过全面识别与评估风险、制定具体的风险应对策略、加强风险监控与调整等措施，合伙制创业公司可以有效地降低风险，提高企业的竞争力和可持续发展能力。

第二节　项目合作制创业

一、项目合作制创业概述

（一）定义与特点

项目合作制创业作为一种新兴的商业模式，其定义在于多个独立实体基于共同的目标和利益，通过合作的方式共同开展创业活动。这种模式的特点在于其灵活性、互补性以及风险共担性。以近年来兴起的共享经济为例，多个平台通过合作，实现了资源的共享和优化配置，不仅提高了资源利用效率，也降低了创业成本。据统计，通过项目合作制创业的企业，在初创期的存活率相较于传统模式提高了近 30%，这充分证明了其强大的生命力和市场潜力。

项目合作制创业的特点还体现在其互补性上。不同的合作伙伴往往拥有各自独特的资源和优势，通过合作可以实现资源的互补和共享。例如，在科技创业领域，技术研发团队与市场推广团队的合作，可以确保产品技术的先进性和市场推广的有效性。这种互补性不仅有助于提升创业项目的整体竞争力，也有助于降低创业风险。此外，项目合作制创业还强调风险共担，通过合作分散风险，提高创业成功的概率。

项目合作制创业顺应了未来的趋势，通过合作实现资源共享、优势互补和风险共担，为创业者提供了更广阔的发展空间和更多的成功机会。随着市场环境的不断变化和技术的不断进步，项目合作制创业将继续发挥其独特的优势，成为未来创业领域的重要发展方向。

（二）兴起背景与发展趋势

项目合作制创业的兴起背景与发展趋势，深刻反映了当代商业环境的变革与创新。随着全球经济一体化的加速推进，市场竞争日益激烈，单打独斗的传统创业模式已难以满足复杂多变的商业需求。项目合作制创业应运而生，形成了一种更加高效、灵活的创业方式。据相关数据显示，近年来，项目合作制创业在各行各业中呈现出快速增长的态势，尤其是在科技、文化、教育等领域，合作创业已成为主流趋势。这种趋势的兴起，不仅得益于政策环境的支持，更在于其能够充分发挥各方优势，实现资源共享和互利共赢。

从发展趋势来看，项目合作制创业将继续保持强劲的增长势头。一方面，随着技术的不断进步和创新，合作创业将更加注重跨界融合和协同创新，通过整合不同领域的资源和优势，打造更具竞争力的商业模式。另一方面，随着全球化的深入推进，合作创业将更加注重国际化和开放合作，通过跨国合作和资源整合，拓展更广阔的市场空间。此外，政策环境的持续优化也将为合作创业提供更加有力的支持，推动其实现更加稳健和可持续的发展。

项目合作制创业通过构建紧密的合作关系和高效的供应链体系，提升整体竞争力，实现共赢发展。未来，随着合作创业模式的不断成熟和完善，相信会有更多的创业者选择这一方式，共同开创商业新篇章。

二、项目合作制创业的优势与挑战

（一）优势分析

项目合作制创业的优势在于其能够汇聚多方资源，实现优势互补，从而提升创业成功率。具体而言，通过合作，创业者可以共享彼此的技术、资金、市场渠道等资源，降低创业成本，提高市场竞争力。以某科技创业公司为例，该公司通过与高校合作，获得了先进的研发技术和人才支持，成功推出了多款创新产品，实现了快速增长。此外，项目合作制创业还能够分散风险，提高创业稳定性。在合作过程中，各方共同承担风险，降低了单一创业者面临的风险压力。同时，合作还能够促进知识共享和经验交流，提升创业者的综合素质和创新能力。

此外，项目合作制创业还具有灵活性强的优势。合作各方可以根据市场需求和项目进展情况进行灵活调整，快速响应市场变化。这种灵活性使得项目合作制创业能够更好地适应复杂多变的商业环境，提高创业成功的可能性。同时，合作还能够促进跨界融合和创新发展，为创业者带来更多的商业机会和发展空间。

（二）面临的挑战

在项目合作制创业中，面临的挑战不容忽视。首先，合作各方在利益分配上往往存在分歧。例如，某电商合作项目在初期由于各方对利润分配的期望不同，导致合作进程受阻。为了克服这一挑战，项目团队通过深入沟通和协商，最终达成了一致意见，确保了项目的顺利进行。其次，合作过程中的信任问题也是一大挑战。有案例显示，某科技创业项目因合作伙伴之间的信任危机而陷入困境。为了重建信任，项目团队采取了透明化的沟通方式，定期分享进展和成果，逐渐恢复了合作伙伴之间的信任关系。最后，项目合作制创业还面临着技术、市场、资金等多方面的挑战。例如，在技术方面，项目团队需要不断跟进新技术的发展，以确保项目的竞争力；在市场方面，团队需要深入了解市场需求和竞争态势，制定有效的市场推广策略；在资金方面，团队需要积极寻求投资和支持，以确保项目的持续发展。

三、项目合作制创业的合作模式与策略

（一）合作模式选择

在项目合作制创业中，合作模式的选择至关重要。常见的合作模式包括股权合作、合同合作以及战略联盟等。在股权合作模式下，各方通过共同出资成立新公司，共享利润和风险。例如，阿里巴巴与腾讯在多个领域进行了股权合作，共同开拓市场，实现了互利共赢。合同合作模式则更注重于特定项目的合作，通过签订合同明确双方的权利和义务。例如，华为与多家通信设备供应商签订了长期供货合同，确保了供应链的稳定性。战略联盟模式则是一种更为灵活的合作方式，各方通过共享资源、技术和市场渠道，实现优势互补和共同发展。例如，苹果公司与 IBM 在移动企业解决方案领域的合作，共同推出了企业级移动应用和服务，提升了市场竞争力。

在选择合作模式时，需要综合考虑合作各方的资源、能力、战略目标和市场环境等因素。资源互补性强的合作方更适合选择股权合作模式，以实现资源的深度整合和共享。而合同合作模式则更适合于短期项目或特定领域的合作，具有灵活性和针对性强的特点。战略联盟模式则适用于具有共同战略目标和市场需求的合作方，通过合作实现规模经济和范围经济。在选择合作模式时，还可以借鉴迈克尔·波特的竞争战略理论，根据合作各方的竞争地位和市场需求，选择适合的合作模式。

（二）合作策略制定

在制定项目合作制创业的合作策略时，我们需充分考虑各方资源、优势及市场需求。以某电商平台的成功合作为例，该平台通过与合作伙伴共同开发特色商品，实现了资源共享与优势互补。在合作过程中，双方明确了各自的角色与责任，建立了有效的沟通机制，确保了合作的顺利进行。此外，合作策略的制定还需注重风险防控，通过签订详细的合作协议、设立风险预警机制等方式，降低合作风险。同时，合作策略的制定也应具备灵活性，能够根据市场变化及时调整合作方向，确保合作的持续性与稳定性。制定有效的合作策略对于项目合作制创业的成功至关重要。

四、项目合作制创业中的团队建设与管理

（一）团队组建与分工

在项目合作制创业中，团队组建与分工是确保项目成功的关键要素之一。一个高效、协作的团队能够充分发挥每个成员的优势，并形成合力，从而推动项目的顺利进行。在组建团队时，我们需要根据项目的需求和特点，选择具备相关技能和经验的人才。例如，在开发一款新型智能产品时，我们需要招募具备技术研发、市场营销、产品设计等多方面技能的团队成员。同时，团队成员之间的性格、价值观等方面的匹配也是非常重要的，这有助于形成团队凝聚力和向心力。

在分工方面，我们需要根据团队成员的特长和项目的需求，合理分配任务和责任。通过明确每个人的职责和角色，可以避免工作重叠和遗漏，提高工作效率。同时，分工也需要考虑团队成员之间的协作和沟通，确保信息的畅通和工作的顺利进行。例如，在产品开发阶段，技术团队负责产品的研发和测试，市场团队则负责市场调研和宣传推广，而设计团队则负责产品的外观和用户体验设计。这种分工方式能够充分发挥每个团队的优势，形成互补效应，推动项目的成功。

此外，在团队组建与分工的过程中，我们还需要注重团队文化的建设。一个积极向上的团队文化能够激发团队成员的积极性和创造力，提高团队的凝聚力和向心力。我们可以通过定期组织团队建设活动、分享会等方式，加强团队成员之间的交流和合作，从而形成共同的目标和价值观。同时，我们也需要关注团队成员的成长和发展，为其提供必要的培训和支持，并帮助他们不断提升自己的能力和素质。

综上所述，团队组建与分工是项目合作制创业中不可或缺的一环。通过合理组建团队、明确分工、建设团队文化等方式，我们可以打造出一个高效、协作的团队，为项目的成功奠定坚实的基础。只有团结一心、携手并进，我们才能在项目合作制创业的道路上走得更远、更稳健。

（二）团队管理与激励

在项目合作制创业中，团队管理与激励是确保项目成功的关键因素之一。一个高效、协作的团队能够充分发挥每个成员的优势，共同应对挑战，推动项目向前发展。因此，建立科学的团队管理与激励机制至关重要。

首先，在团队管理方面，我们可以借鉴一些知名企业的成功经验。例如，谷歌公司以其扁平化的管理结构和开放的工作氛围而闻名。这种管理方式鼓励团队成员之间的自由交流和合作，有助于激发创新思维和解决问题的能力。在项目合作制创业中，我们也可以采用类似的管理方式，打破层级壁垒，促进团队成员之间的沟通和协作。

其次，在激励方面，我们可以运用多种手段来激发团队成员的积极性和创造力。除传统的薪酬激励外，还可以采用目标激励、晋升激励、培训激励等方式。例如，设定明确的项目目标和阶段性成果，让团队成员有明确的努力方向；提供晋升机会和职业发展路径，让团队成员看到自己在团队中的未来；定期组织培训和学习活动，提升团队成员的专业技

能和综合素质。

此外，我们还可以运用一些分析模型来指导团队管理与激励的实践。比如，马斯洛的需求层次理论可以帮助我们了解团队成员的不同需求层次，从而制定更加精准的激励策略；赫兹伯格的双因素理论则可以帮助我们识别影响团队成员工作满意度的关键因素，进而优化工作环境和条件。

经典案例

在一个创新型的科技公司里，有一支由年轻工程师组成的研发团队，他们负责开发一款颠覆性的智能设备。这个项目不仅技术难度极高，而且市场竞争异常激烈，团队成员们面临着巨大的压力和挑战。

起初，团队成员们充满热情，但随着时间的推移，面对接连不断的技术难题和市场的不确定性，一些成员开始感到迷茫和沮丧。团队的士气逐渐低落，项目进度也受到了影响。

在这个关键时刻，团队领导决定采取行动。他组织了一次团队会议，与成员们坦诚地交流了项目的现状和未来展望。他强调了项目的重要性，同时也表达了对团队成员能力的充分信任。他鼓励大家要相信团队的力量，相信通过共同的努力一定能够克服困难，取得成功。

为了进一步提升团队的凝聚力和积极性，团队领导还制定了一系列激励措施。他设立了明确的奖励机制，对于在项目中有突出贡献的成员给予物质和精神上的双重奖励。此外，他还组织了一系列的团队建设活动，让团队成员们在轻松愉快的氛围中加深彼此的了解和信任。

这些激励措施取得了显著的效果。团队成员们重新找回了信心和动力，他们开始更加积极地投入项目中，相互协作，共同解决问题。在团队的共同努力下，项目最终取得了巨大的成功，不仅赢得了市场的认可，也为公司带来了可观的收益。

综上所述，团队管理与激励是项目合作制创业中不可或缺的一环。通过借鉴成功企业的管理经验、运用多种激励手段以及结合分析模型进行实践指导，我们可以打造出一支高效、协作的团队，共同推动项目合作制创业的成功。

（资料来源：张雪黎，刘安卿．大学生创新创业教程［M］．北京：人民邮电出版社，2017.）

五、项目合作制创业中的资源整合与利用

（一）资源识别与获取

在项目合作制创业中，资源识别与获取是至关重要的一环。创业者需要明确项目所需的关键资源，包括资金、技术、人才、市场渠道等。通过市场调研和竞品分析，可以了解行业内的资源分布和获取成本，为后续的资源获取策略制定提供依据。例如，某初创企业在开发一款智能家居产品时，通过市场调研发现，行业内技术资源相对丰富，但人才成本

较高。因此，该企业决定通过技术合作的方式，与一家拥有成熟技术的公司进行合作，共同开发产品，以降低人才成本。

在资源获取方面，创业者需要运用多种手段，包括建立人脉关系、参加行业活动、利用网络平台等。人脉关系的建立可以通过与同行、合作伙伴、投资人等建立联系，获取更多的资源和信息。参加行业活动则可以了解行业动态和趋势，与潜在合作伙伴进行面对面交流。利用网络平台则可以扩大资源获取的范围和效率，例如通过社交媒体、专业论坛等渠道发布需求信息，吸引更多的资源提供者。

此外，创业者还需要注重资源整合与利用。资源整合是指将获取到的各种资源进行有机组合，形成优势互补，提高资源利用效率。例如，某电商平台在发展过程中，不仅注重自身技术和人才的积累，还积极与物流、支付等合作伙伴进行深度合作，共同打造完整的电商生态链。这种资源整合的方式不仅提高了平台的运营效率，还增强了用户体验和黏性。

在资源识别与获取的过程中，创业者还需要注意风险控制和合规性。一些资源可能存在法律风险或道德风险，需要谨慎评估和选择。同时，创业者还需要遵守相关法律法规和行业规范，确保资源的合法性和合规性。通过科学合理的识别与获取资源，创业者可以为项目合作制创业的成功奠定坚实的基础。

（二）资源整合与利用策略

在项目合作制创业中，资源整合与利用策略是确保项目成功的关键要素之一。有效的资源整合能够提升项目的执行效率，降低成本，并增强项目的市场竞争力。以某知名电商平台为例，该平台通过整合供应链资源，与多家供应商建立长期合作关系，实现了货源的稳定供应和成本控制。同时，平台还利用大数据分析技术，精准定位用户需求，优化商品结构和营销策略，从而提升了用户满意度和销售额。

资源整合与利用策略的制定需要充分考虑项目的特点和市场需求。一方面，要对项目所需的各类资源进行全面的梳理和评估，包括人力资源、技术资源、资金资源等；另一方面，要结合项目的实际情况，制订具体的资源整合方案，明确资源的来源、获取方式和利用方式。此外，还需要建立有效的资源管理机制，确保资源的合理分配和高效利用。

在资源整合与利用的过程中，创新是不可或缺的因素。通过引入新技术、新模式或新思维，可以打破传统资源利用的局限，实现资源的优化配置和高效利用。例如，某初创企业利用区块链技术，构建了一个去中心化的资源共享平台，使得各方能够更加便捷地共享和交换资源，降低了交易成本，提高了资源利用效率。

此外，资源整合与利用还需要注重风险管理和应对。在资源整合的过程中，可能会面临各种风险和挑战，如资源供应不稳定、成本超支等。因此，需要建立风险预警机制，及时发现和应对潜在风险。同时，还需要制定应急预案，以应对可能出现的突发情况，确保项目的顺利进行。

综上所述，资源整合与利用策略在项目合作制创业中发挥着至关重要的作用。通过有效的资源整合和利用，可以提高项目的执行效率和市场竞争力，为项目的成功奠定坚实的基础。因此，在项目合作制创业中，应高度重视资源整合与利用策略的制定和实施。

能力训练

模拟合作创业

（一）请同学们自行分组，并如实填写分组信息。

1. 小组人数：____________________

2. 小组组长：____________________

3. 小组成员：____________________

（二）结合网络与学校就业指导等途径了解各行业发展前景，选择创业项目，回答下列问题。

1. 团队比较看好的行业是什么？

2. 对此行业的认识程度。

3. 结合自身情况，说说选择这个行业的优势。

（三）参考实际社会中企业的合作模式，选择合适所选行业的合作模式并分析该合作模式在此行业中的优势。

____

____

第十章　大学生创新创业训练

案例导入

电子商务“三创赛”推动个人成长

大学在忙碌的学习和社会实践中很快就过去了，在大学期间陈浩参加了全国大学生电子商务“创新、创意及创业”挑战赛（简称“三创赛”），给自己的大学生活增添了一些色彩。当时陈浩在读大三，在导师的带领下，他和其他3位同学一起参加了全国大学生电子商务“创新、创意及创业”挑战赛。陈浩所在团队的参赛作品是“米器网”，通过校内竞赛后进入了省级选拔赛。在准备省级选拔赛期间，团队成员分工合作，有的负责完善策划方案，有的负责技术咨询，有的负责演讲，各司其职。但在经过大赛组织委员会的层层筛选后，陈浩所在团队的项目还是因为创新不足、可行性差而遗憾出局。虽然此次参赛成绩不是很理想，但此次经历对陈浩了解创业、理解电商仍大有益处。同时，参加比赛不仅是对陈浩综合能力的锻炼，也是其自我提升的过程。

通过此次比赛，陈浩所在的团队收获的不仅是理论知识和技术，更重要的是团队之间分工合作的经历。他们了解了比赛的各项流程，积累了丰富的经验，明确了自己专业知识的短板。更重要的是，此次经历对陈浩毕业后的自主创业产生了重要影响。

（资料来源：雷玉梅．大学生创新创业项目化教程［M］．浙江：浙江大学出版社，2023.）

学习目标

了解“互联网+”大学生创新创业赛程；
了解“创业计划书”的基本结构；
掌握项目路演的技巧和方法。

第一节　中国国际大学生创新大赛

一、大赛简介

中国国际大学生创新大赛，2024年4月前名为中国国际“互联网+”大学生创新创业大赛，是双创领域的竞赛盛宴，其已成为覆盖全国所有高校、面向全体高校学生、影响最大的赛事活动之一。教育部、中央统战部、中央网络安全和信息化委员会办公室、国家发展和改革委员会、工业和信息化部、人力资源和社会保障部、农业农村部、中国科学院、中国工程院、国家知识产权局、共青团中央等是大赛主办方。首届中国“互联网+”大学生创新创业大赛于2015年举办；第三届中国“互联网+”大学生创新创业大赛时，习近平总书记给“青年红色筑梦之旅”的大学生回信予以勉励。从第六届开始，赛事更名为“中国国际‘互联网+’大学生创新创业大赛”。截至2023年12月，已经成功举办九届赛事。

以第九届中国国际“互联网+”大学生创新创业大赛为例，相关赛事信息如下。

1. 大赛主题

我敢闯，我会创。

2. 总体目标

更中国、更国际、更教育、更全面、更创新、更协同，落实立德树人的根本任务，传承和弘扬红色基因，聚焦“五育”融合创新创业教育实践，开启创新创业教育改革新征程，激发青年学生创新创造热情，打造共建共享、融通中外的国际创新创业盛会，让青春在全面建设社会主义现代化国家的火热实践中绽放绚丽之花。

（1）更中国。更深层次、更广范围体现红色基因传承，充分展现新发展阶段高水平创新创业教育的丰硕成果，集中展示新发展理念引领下创新创业人才培养的中国方案，提升新时代中国高等教育的感召力。

（2）更国际。深化创新创业教育国际交流合作，集聚全球知名高校、企业和创业者，服务以国内大循环为主体、国内国际双循环相互促进的新发展格局，搭建全球性创新创业竞赛平台，提升新时代中国高等教育的影响力。

（3）更教育。推动思想政治教育、专业教育与创新创业教育深度融合，弘扬劳动精神，加强学生创新实践能力培养，造就敢想敢为又善作善成的新时代好青年，提升新时代中国高等教育的塑造力。

（4）更全面。推进职普融通、产教融合、科教融汇，鼓励各学段学生积极参赛，形成创新创业教育在高等教育、职业教育、基础教育、留学生教育等各类各学段的全覆盖，打通人才培养各环节，提升新时代中国高等教育的引领力。

（5）更创新。积极开辟发展新领域新赛道，不断塑造发展新动能新优势，丰富竞赛内容和形式，激发全社会创新创业创造动能，促进高校创新成果转化应用，服务国家创新发展，提升新时代中国高等教育的创造力。

（6）更协同。充分发挥大赛平台纽带作用，促进优质资源互联互通，推动形成开放大学、开放产业、开放问题的良好氛围，助推大赛项目落地转化，营造支持青年大学生创新创业、共同合作、互相包容、互相支持的良好生态。

3. 主要任务

以赛促教，探索人才培养新途径。全面提高人才自主培养质量，强化高校课程思政建设，深入推进新工科、新医科、新农科、新文科建设，深化创新创业教育改革，引领各类学校人才培养范式深刻变革，形成新的人才培养质量观和质量标准，切实提高学生的创新精神、创业意识和创新创业能力。

以赛促学，培养创新创业生力军。着力造就拔尖创新人才，激励广大青年扎根中国大地了解国情民情，在创新创业中增长智慧才干，怀抱梦想又脚踏实地，敢想敢为又善作善成，做有理想、敢担当、能吃苦、肯奋斗的新时代好青年。

以赛促创，搭建产教融合新平台。把教育融入经济社会发展，推动成果转化和产学研用融合，促进教育链、人才链与产业链、创新链有机衔接，以创新引领创业、以创业带动就业，推动形成高校毕业生更高质量创业就业的新局面。

4. 大赛内容

（1）主体赛事，包括高教主赛道、“青年红色筑梦之旅”赛道、职教赛道、产业命题赛道和萌芽赛道。

（2）“青年红色筑梦之旅”活动。

（3）同期活动，即世界大学生创新创业联盟成立仪式、世界大学生创新创业指数发布会、大赛优秀项目资源对接会等系列活动。

5. 大赛赛制

大赛主要采用校级初赛、省级复赛、总决赛三级赛制（不含萌芽赛道以及国际参赛项目）。校级初赛由各院校负责组织，省级复赛由各地负责组织，总决赛由各地按照大赛组委会确定的配额择优遴选推荐项目。大赛组委会将综合考虑各地报名团队数（含邀请国际参赛项目数）、参赛院校数和创新创业教育工作情况等因素分配总决赛名额。大赛一般历时 7 个月，于 3 月启动、10 月结束，赛程安排一般如下：

（1）参赛报名（一般每年 4~5 月）

参赛团队通过登录“全国大学生创业服务网”或微信公众号（名称为“全国大学生创业服务网”或“中国‘互联网+’大学生创新创业大赛”）任一方式进行报名。

（2）初赛复赛（一般每年 6~8 月）

校级初赛的比赛方式、时间、地点由各高校负责组织安排；省市复赛一般包括网上评审、现场评审两个环节。

（3）全国总决赛（一般每年 10 月）

大赛专家委员会对入围全国总决赛项目进行网上评审，择优选拔项目进行现场比赛，决出金奖、银奖、铜奖。

6. 大赛组别

大赛设置了不同的参赛组别，主要包括以下几个方面。①高教主赛道：创意组、初创组、成长组；②青年红色筑梦之旅赛道：公益组、创意组、创业组；③职教赛道：创意组、创业组；④产业命题赛道；⑤萌芽赛道。

参赛项目团队需准备和提交相关材料主要包括：①项目计划书；②项目展示 PPT；③项目一分钟展示视频；④资质证明（营业执照、专利证书、商标注册证明等）。

7. 参赛要求

（1）参赛项目能够紧密结合经济社会各领域现实需求，充分体现高校在新工科、新医科、新农科、新文科建设方面取得的成果，培育新产品、新服务、新业态、新模式，促进制造业、农业、卫生、能源、环保、战略性新兴产业等产业转型升级，促进数字技术与教育、医疗、交通、金融、消费生活、文化传播等深度融合（各赛道参赛项目类型详见附件）。

（2）参赛项目应弘扬正能量，践行社会主义核心价值观，真实、健康、合法。不得含有任何违反《中华人民共和国宪法》及其他法律法规的内容。所涉及的发明创造、专利技术、资源等必须拥有清晰合法的知识产权或物权。如有抄袭盗用他人成果、提供虚假材料等违反相关法律法规或违背大赛精神的行为，一经发现即刻丧失参赛资格、所获奖项等相关权利，并自负一切法律责任。

（3）参赛项目只能选择一个符合要求的赛道报名参赛，根据参赛团队负责人的学籍或学历确定参赛团队所代表的参赛学校，且代表的参赛学校具有唯一性。参赛团队须在报名系统中将项目所涉及的材料按时如实填写提交。已获本大赛往届总决赛各赛道金奖和银奖的项目，不可报名参加本届大赛。

（4）参赛人员（不含产业命题赛道参赛项目成员中的教师）年龄不超过 35 岁（1988 年 3 月 1 日及以后出生）。

（5）各省级教育行政部门及各有关学校要严格开展参赛项目审查工作，确保参赛项目的合规性和真实性。审查主要包括参赛资格以及项目所涉及的科技成果、知识产权、财务状况、运营、荣誉奖项等方面。

二、不同赛道赛事方案及规则

以第九届中国“互联网+”大学生创新创业大赛为例，介绍各赛道的赛事安排及规则。

（一）高教主赛道

1. 参赛项目类型

（1）新工科类项目

大数据、云计算、人工智能、区块链、虚拟现实、智能制造、网络空间安全、机器人工程、工业自动化、新材料等领域，符合新工科建设理念和要求的项目。

（2）新医科类项目

现代医疗技术、智能医疗设备、新药研发、健康康养、食药保健、智能医学、生物技术、生物材料等领域，符合新医科建设理念和要求的项目。

（3）新农科类项目

现代种业、智慧农业、智能农机装备、农业大数据、食品营养、休闲农业、森林康养、生态修复、农业碳汇等领域，符合新农科建设理念和要求的项目。

（4）新文科类项目

文化教育、数字经济、金融科技、财经、法务、融媒体、翻译、旅游休闲、动漫、文创设计与开发、电子商务、物流、体育、非物质文化遗产保护、社会工作、家政服务、养老服务等领域，符合新文科建设理念和要求的项目。

参赛项目团队应认真了解和把握“四新”发展要求，结合以上分类及项目实际，合理选择参赛项目类别。参赛项目不只限于“互联网+”项目，鼓励各类创新创业项目参赛，根据“四新”建设内涵和产业发展方向选择相应类型。

2. 参赛方式和要求

（1）本赛道以团队为单位报名参赛。允许跨校组建参赛团队，每个团队的成员不少于3人，不多于15人（含团队负责人），须为项目的实际核心成员。参赛团队所报参赛创业项目，须为本团队策划或经营的项目，不得借用他人项目参赛。

（2）按照参赛学校所在的国家和地区，分为中国大陆参赛项目、中国港澳台地区参赛项目、国际参赛项目三个类别。国际参赛项目和中国港澳台地区参赛项目可根据当地教育情况适当调整学籍和学历的相关参赛要求。

（3）所有参赛材料和现场答辩原则上使用中文或英文，如有其他语言需求，请联系大赛组委会。

3. 参赛组别和对象

根据参赛申报人所处学习阶段，项目分为本科生组、研究生组。根据所处创业阶段，本科生组和研究生组均内设创意组、初创组、成长组，并按照新工科、新医科、新农科、新文科设置参赛项目类型。

具体参赛条件如下：

（1）本科生组

①创意组

· 参赛项目具有较好的创意和较为成型的产品原型或服务模式，在大赛通知下发之日前尚未完成工商等各类登记注册。

· 参赛申报人须为项目负责人，项目负责人及成员均须为普通高等学校全日制在校本专科生（不含在职教育）。

· 学校科技成果转化项目不能参加本组比赛（科技成果的完成人、所有人中参赛申报人排名第一的除外）。

②初创组

· 参赛项目工商等各类登记注册未满3年（2020年3月1日及以后注册）。

· 参赛申报人须为项目负责人且为参赛企业法定代表人，须为普通高等学校全日制在校本专科生（不含在职教育），或毕业5年以内的全日制本专科学生（2018年之后的毕业生，不含在职教育）。企业法定代表人在大赛通知发布之日后进行变更的不予认可。

·项目的股权结构中，企业法定代表人的股权不得少于 1/3，参赛团队成员股权合计不得少于 51%。

③成长组

·参赛项目工商等各类登记注册 3 年以上（2020 年 3 月 1 日前注册）。

·参赛申报人须为项目负责人且为参赛企业法定代表人，须为普通高等学校全日制在校本专科生（不含在职教育），或毕业 5 年以内的全日制本专科学生（2018 年之后的毕业生，不含在职教育）。企业法定代表人在大赛通知发布之日后进行变更的不予认可。

·项目的股权结构中，企业法定代表人的股权不得少于 10%，参赛团队成员股权合计不得少于 1/3。

（2）研究生组

①创意组

·参赛项目具有较好的创意和较为成型的产品原型或服务模式，在大赛通知下发之日前尚未完成工商等各类登记注册。

·参赛申报人须为项目负责人，须为普通高等学校全日制在校研究生。项目成员须为普通高等学校全日制在校研究生或本专科生（不含在职教育）。

·学校科技成果转化项目不能参加本组比赛（科技成果的完成人、所有人中参赛申报人排名第一的除外）。

②初创组

·参赛项目工商等各类登记注册未满 3 年（2020 年 3 月 1 日及以后注册）。

·参赛申报人须为项目负责人且为参赛企业法定代表人，须为普通高等学校全日制在校研究生，或毕业 5 年以内的全日制研究生学历学生（2018 年之后的研究生学历毕业生）。企业法定代表人在大赛通知发布之日后进行变更的不予认可。

·项目的股权结构中，企业法定代表人的股权不得少于 1/3，参赛团队成员股权合计不得少于 51%。

③成长组

·参赛项目工商等各类登记注册 3 年以上（2020 年 3 月 1 日前注册）。

·参赛申报人须为项目负责人且为参赛企业法定代表人，须为普通高等学校全日制在校研究生，或毕业 5 年以内的全日制研究生学历学生（2018 年之后的研究生学历毕业生）。企业法定代表人在大赛通知发布之日后进行变更的不予认可。

·项目的股权结构中，企业法定代表人的股权不得少于 10%，参赛团队成员股权合计不得少于 1/3。

4. 高教主赛道项目评审要点

（1）创意组

评审标准如表 10-1 所示。

表 10-1　创意组评审标准

评审要点	评审内容	分值
教育维度	1. 项目应弘扬正确的价值观，厚植家国情怀，恪守伦理规范，有助于培育创新创业精神。 2. 项目符合将专业知识与商业知识有效结合并转化为商业价值或社会价值的创新创业基本过程和基本逻辑，展现创新创业教育对创业者基本素养和认知的塑造力。 3. 体现团队对创新创业所需知识（专业知识、商业知识、行业知识等）与技能（计划、组织、领导、控制、创新等）的娴熟掌握与应用，展现创新创业教育提升创业者综合能力的效力。 4. 项目能充分体现团队解决复杂问题的综合能力和高级思维；体现项目成长对团队成员创新创业精神、意识、能力的锻炼和提升作用。 5. 项目能充分体现院校在“三位一体”统筹推进教育、科技、人才工作，扎实推进新工科、新医科、新农科、新文科建设方面取得的成果；体现院校在项目的培育、孵化等方面的支持情况；体现产教融合、科教融汇、多学科交叉、专创融合、产学研协同创新等模式在项目的产生与执行中的重要作用	30
创新维度	1. 项目遵循从创意到研发、试制、生产、进入市场的创新一般过程，进而实现从创意向实践、从基础研发向应用研发的跨越。 2. 团队能够基于学科专业知识并运用各类创新的理念和范式，解决社会和市场的实际需求。 3. 项目能够从产品创新、工艺流程创新、服务创新、商业模式创新等方面着手开展创新创业实践，并产生一定数量和质量的创新成果以体现团队的创新力	20
团队维度	1. 团队的组成原则与过程是否科学合理；团队是否具有支撑项目成长的知识、技术和经验；是否有明确的使命愿景。 2. 团队的组织构架、人员配置、分工协作、能力结构、专业结构、合作机制、激励制度等的合理性情况。 3. 团队与项目关系的真实性、紧密性情况；对项目的各项投入情况；创立创业企业的可能性情况。 4. 支撑项目发展的合作伙伴等外部资源的使用以及与项目关系的情况	20

续表

评审要点	评审内容	分值
商业维度	1. 充分了解所在产业（行业）的产业规模、增长速度、竞争格局、产业趋势、产业政策等情况，形成完备、深刻的产业认知。 2. 项目具有明确的目标市场定位，对目标市场的特征、需求等情况有清晰的了解，并据此制订合理的营销、运营、财务等计划，设计出完整、创新、可行的商业模式，展现团队的商业思维。 3. 项目落地执行情况；项目对促进区域经济发展、产业转型升级的情况；已有盈利能力或盈利潜力情况	20
社会价值维度	1. 项目直接提供就业岗位的数量和质量。 2. 项目间接带动就业的能力和规模。 3. 项目对社会文明、生态文明、民生福祉等方面的积极推动作用	10

（2）初创组、成长组

评审标准如表 10-2 所示。

表 10-2　初创组、成长组评审标准

评审要点	评审内容	分值
教育维度	1. 项目应弘扬正确的价值观，厚植家国情怀，恪守伦理规范，有助于培育创新创业精神。 2. 项目符合将专业知识与商业知识有效结合并转化为商业价值或社会价值的创新创业基本过程和基本逻辑，展现创新创业教育对创业者基本素养和认知的塑造力。 3. 体现团队对创新创业所需知识（专业知识、商业知识、行业知识等）与技能（计划、组织、领导、控制、创新等）的娴熟掌握与应用，展现创新创业教育提升创业者综合能力的效力。 4. 项目能充分体现团队解决复杂问题的综合能力和高级思维；体现项目成长对团队成员创新创业精神、意识、能力的锻炼和提升作用。 5. 项目能充分体现院校在“三位一体”统筹推进教育、科技、人才工作，扎实推进新工科、新医科、新农科、新文科建设方面取得的成果；体现院校在项目的培育、孵化等方面的支持情况；体现产教融合、科教融汇、多学科交叉、专创融合、产学研协同创新等模式在项目的产生与执行中的重要作用	20

续表

评审要点	评审内容	分值
商业维度	1. 充分掌握所在产业（行业）的产业规模、增长速度、竞争格局、产业趋势、产业政策等情况；具有明确的目标市场定位，充分掌握目标市场的特征、需求等情况；具有完整、创新、可行的商业模式。 2. 经营绩效方面，重点考察项目存续时间、营业收入（合同订单）现状、企业利润、持续盈利能力、市场份额、客户（用户）情况、税收上缴、投入与产出比等情况。 3. 经营管理方面，是否有清晰的企业发展目标；是否有完备的研发、生产、运营、营销等制度和体系；是否采用先进、科学的管理方法，以确保企业具有较强的竞争力。 4. 成长性方面，是否有清晰、有效、全方位的企业发展战略，并拥有可靠的内外部资源（人才、资金、技术等方面）实现企业战略，以建立企业的持续竞争优势。 5. 现金流及融资方面，关注项目融资情况、获取资金渠道情况、企业经营的现金流情况、融资需求及资金使用情况是否合理。 6. 项目对促进区域经济发展、产业转型升级的情况	30
团队维度	1. 团队的组成原则与过程是否科学合理；团队是否具有独特的支撑项目成长的知识、技能、经验以及成熟的外部资源网络；是否有明确的使命愿景。 2. 公司是否具有合理的组织构架、清晰的指挥链、科学的决策机制；是否有合理的岗位设置、分工协作、专业能力结构；是否有良好的内部沟通机制；是否有合理的股权结构、激励制度等。 3. 团队对项目的各项投入情况及团队成员的稳定性情况。 4. 支撑公司发展的合作伙伴等外部资源的使用以及与公司关系的情况	20
创新维度	1. 项目遵循从创意到研发、试制、生产、进入市场的创新一般过程，进而实现从创意向实践、从基础研发向应用研发的跨越。 2. 团队能够基于专业知识并运用各类创新的理念和范式，解决社会和市场的实际需求。 3. 项目能够从产品创新、工艺流程创新、服务创新、商业模式创新等方面着手开展创新实践，产生一定数量和质量的创新成果，获得相应的市场回报。 4. 项目能够从创新战略、创新流程、创新组织、创新制度与文化等方面进行设计协同，对创新进行有效管理，进而保持公司的竞争力	20
社会价值维度	1. 项目直接提供就业岗位的数量和质量。 2. 项目间接带动就业的能力和规模。 3. 项目对社会文明、生态文明、民生福祉等方面的积极推动作用	10

（二）“青年红色筑梦之旅”赛道

1. 参赛项目要求

（1）参加“青年红色筑梦之旅”赛道的项目应符合大赛参赛项目要求，同时在推进农业农村、城乡社区经济社会发展等方面有创新性、实效性和可持续性。

（2）以团队为单位报名参赛。允许跨校组建团队，每个团队的参赛成员不少于 3 人，不多于 15 人（含团队负责人），须为项目的实际核心成员。参赛团队所报参赛创业项目，须为本团队策划或经营的项目，不得借用他人项目参赛。

（3）参赛申报人须为项目负责人，须为普通高等学校全日制在校生（包括本专科生、研究生，不含在职教育），或毕业 5 年以内的全日制学生（2018 年之后的毕业生，不含在职教育）；国家开放大学学生（仅限学历教育）。企业法定代表人在大赛通知发布之日后进行变更的不予认可。

2. 参赛组别和对象

参加“青年红色筑梦之旅”赛道的项目，须为参加“青年红色筑梦之旅”活动的项目。否则一经发现，取消参赛资格。根据项目性质和特点，分为公益组、创意组、创业组。

①公益组

· 参赛项目不以营利为目标，积极弘扬公益精神，在公益服务领域具有较好的创意、产品或服务模式的创业计划和实践。

· 参赛申报主体为独立的公益项目或社会组织，注册或未注册成立公益机构（或社会组织）的项目均可参赛。

②创意组

· 参赛项目基于专业和学科背景或相关资源，解决农业农村和城乡社区发展面临的主要问题，助力乡村振兴和社区治理，推动经济价值和社会价值的共同发展。

· 参赛项目在大赛通知下发之日前尚未完成工商等各类登记注册。

③创业组

· 参赛项目以商业手段解决农业农村和城乡社区发展面临的主要问题、助力乡村振兴和社区治理，实现经济价值和社会价值的共同发展，推动共同富裕。

· 参赛项目在大赛通知下发之日前已完成工商等各类登记注册，项目负责人须为法定代表人。项目的股权结构中，企业法定代表人的股权不得少于 10%，参赛成员股权合计不得少于 1/3。

3. “青年红色筑梦之旅”赛道项目评审要点

①公益组

评审标准如表 10-3 所示。

表 10-3　公益组评审标准

评审要点	评审内容	分值
教育维度	1. 项目应弘扬正确的价值观，厚植家国情怀，恪守伦理规范，有助于培育创新创业精神。 2. 项目体现团队扎根中国大地了解国情民情，遵循发现问题、分析问题、解决问题的基本规律，将所学专业知识、技能和方法应用于解决各类社会问题，展现创新创业教育对创业者基本素养和认知的塑造力和提升创业者综合能力的效力。 3. 项目能充分体现团队解决复杂问题的综合能力和高级思维；体现项目成长对团队成员创新创业精神、意识、能力的锻炼和提升作用。 4. 项目能充分体现院校在“三位一体”统筹推进教育、科技、人才工作，扎实推进新工科、新医科、新农科、新文科建设方面取得的成果；项目充分体现专业教育、思政教育、创新创业教育的有机融合；体现院校在项目的培育、孵化等方面的支持情况	30
公益维度	1. 项目以社会价值为导向，以谋求公共利益为目的，以解决社会问题为使命，不以营利为目标，有一定公益成果。 2. 在公益服务领域具有较好的创意、产品或服务模式的创业计划和实践，追求社会效益的最大化	10
团队维度	1. 团队的组成原则与过程是否科学合理；是否具有从事公益创业所需的知识、技术和经验；是否有明确的使命愿景。 2. 团队内部的组织构架、人员配置、分工协作、能力结构、专业结构、激励制度的合理性情况；团队外部服务支撑体系完备（如志愿者团队等）、具有一定规模、实施有效管理使其发挥重要作用的情况。 3. 团队与项目关系的真实性、紧密性情况；团队对项目的各项投入情况；团队的延续性或接替性情况。 4. 支撑项目发展的合作伙伴等外部资源的使用以及与项目关系的情况	20

续表

评审要点	评审内容	分值
发展维度	1. 项目通过吸纳捐赠、获取政府资助、自营收等方式确保持续生存能力情况。 2. 团队基于一定的产品、服务、模式，通过高效管理、资源整合、活动策划等运营手段，确保项目影响力与实效性。 3. 项目在促进就业、教育、医疗、养老、环境保护与生态建设等方面的效果。 4. 项目的模式可复制、可推广、具有示范效应。 5. 项目对带动大学生到农村、城乡社区从事社会服务就业创业的情况	20
创新维度	1. 团队能够基于科学严谨的创新过程，遵循创新规律，运用各类创新的理念和范式，解决社会实际需求。 2. 项目能够从产品创新、服务创新等方面着手开展公益创业实践，并产生一定数量和质量的创新成果。 3. 鼓励将高校科研成果运用到公益创业中，以解决相应的社会问题	20
必要条件	参加由学校、省市或全国组织的“青年红色筑梦之旅”活动。	

②创意组

评审标准如表 10-4 所示。

表 10-4　创意组评审标准

评审要点	评审内容	分值
教育维度	1. 项目应弘扬正确的价值观，厚植家国情怀，恪守伦理规范，有助于培育创新创业精神。 2. 项目体现团队扎根中国大地了解国情民情，遵循发现问题、分析问题、解决问题的基本规律，将所学专业知识、技能和方法应用于乡村振兴和农业农村现代化、城乡社区发展，展现创新创业教育对创业者基本素养和认知的塑造力和提升创业者综合能力的效力。 3. 项目能充分体现团队解决复杂问题的综合能力和高级思维，体现项目成长对团队成员创新创业精神、意识、能力的锻炼和提升作用。 4. 项目能充分体现院校在“三位一体”统筹推进教育、科技、人才工作，扎实推进新工科、新医科、新农科、新文科建设方面取得的成果；项目充分体现专业教育、思政教育、创新创业教育的有机融合；体现院校在项目的培育、孵化等方面的支持情况	30

续表

评审要点	评审内容	分值
团队维度	1. 团队的组成原则与过程是否科学合理；团队是否具有支撑项目成长的知识、技术和经验；是否有明确的使命愿景。 2. 团队的组织构架、人员配置、分工协作、能力结构、专业结构、合作机制、激励制度等的合理性情况。 3. 团队与项目关系的真实性、紧密性情况；对项目的各项投入情况；创立创业企业的可能性情况。 4. 支撑项目发展的合作伙伴等外部资源的使用以及与项目关系的情况	20
发展维度	1. 充分了解乡村振兴、农业农村现代化、城乡社区发展的内容和要求，了解其中的痛点、难点，进而形成对所要解决问题完备的认知。 2. 在服务乡村振兴、农业农村现代化、城乡社区发展等方面有较好的创意、产品或服务模式，追求经济效益和社会效益的平衡。 3. 项目对推动乡村振兴、农业农村现代化、城乡社区发展等方面的贡献度。 4. 项目的持续生存能力，模式可复制、可推广、具有示范效应等	20
创新维度	1. 团队能够基于科学严谨的创新过程，遵循创新规律，运用各类创新的理念和范式，解决乡村振兴、农业农村现代化、城乡社区发展中遇到的各类问题。 2. 项目能够从产品创新、服务创新等方面着手开展创新创业实践，并产生一定数量和质量的创新成果。 3. 鼓励院校科研成果和文创成果在乡村或社区进行产业转化落地与实践应用。 4. 鼓励组织模式或商业模式创新，鼓励资源整合优化创新	20
社会价值维度	1. 项目直接提供就业岗位的数量和质量。 2. 项目间接带动就业的能力和规模。 3. 项目对社会文明、生态文明、民生福祉等方面的积极推动作用	10
必要条件	参加由学校、省市或全国组织的“青年红色筑梦之旅”活动	

③创业组

评审标准如表 10-5 所示。

表 10-5 创业组评审标准

评审要点	评审内容	分值
教育维度	1. 项目应弘扬正确的价值观，厚植家国情怀，恪守伦理规范，有助于培育创新创业精神。 2. 项目体现团队扎根中国大地了解国情民情，遵循发现问题、分析问题、解决问题的基本规律，将所学专业知识、技能和方法应用于乡村振兴和农业农村现代化实践，展现创新创业教育对创业者基本素养和认知的塑造力和提升创业者综合能力的效力。 3. 项目能充分体现团队解决复杂问题的综合能力和高级思维，体现项目成长对团队成员创新创业精神、意识、能力的锻炼和提升作用。 4. 项目能充分体现院校在“三位一体”统筹推进教育、科技、人才工作，扎实推进新工科、新医科、新农科、新文科建设方面取得的成果；项目充分体现专业教育、思政教育、创新创业教育的有机融合；体现院校在项目的培育、孵化等方面的支持情况	20
团队维度	1. 团队的组成原则与过程是否科学合理，团队成员的教育和工作背景、创新能力、价值观念、分工协作和能力互补情况，是否有明确的使命愿景。 2. 公司是否具有合理的组织构架、清晰的指挥链、科学的决策机制；是否有合理的岗位设置、分工协作、专业能力结构；是否有良好的内部沟通机制；是否有合理的股权结构、激励制度。 3. 团队对项目的各项投入情况及团队成员的稳定性情况。 4. 支撑公司发展的合作伙伴等外部资源的使用以及与公司关系的情况	20
发展维度	1. 充分了解乡村振兴、农业农村现代化、城乡社区发展的内容和要求，了解其中的痛点、难点，进而形成对所要解决问题完备的认知。 2. 在服务乡村振兴、农业农村现代化、城乡社区发展等方面有较好产品或服务模式，追求经济效益和社会效益的平衡。 3. 项目通过商业方式推动乡村振兴、农业农村现代化、城乡社区发展等方面的贡献度。 4. 项目的持续生存能力，模式可复制、可推广、具有示范效应等	30
创新维度	1. 团队能够基于科学严谨的创新过程，遵循创新规律，运用各类创新的理念和范式，解决乡村振兴、农业农村现代化、城乡社区发展中遇到的各类问题。 2. 项目能够从产品创新、服务创新、组织创新等方面着手开展创新创业实践，并产生一定数量和质量的创新成果，获得相应的市场回报。 3. 鼓励院校科研成果和文创成果在乡村或社区进行产业转化落地与实践应用	20

续表

评审要点	评审内容	分值
社会价值维度	1. 项目直接提供就业岗位的数量和质量。 2. 项目间接带动就业的能力和规模。 3. 项目对社会文明、生态文明、民生福祉等方面的积极推动作用	10
必要条件	参加由学校、省市或全国组织的“青年红色筑梦之旅”活动	

（三）职教赛道

1. 参赛项目类型

（1）创新类：以技术、工艺或商业模式创新为核心优势。

（2）商业类：以商业运营潜力或实效为核心优势。

（3）工匠类：以体现敬业、精益、专注、创新为内涵的工匠精神为核心优势。

2. 参赛方式和要求

（1）职业院校（包括职业教育各层次学历教育，不含在职教育）、国家开放大学学生（仅限学历教育）可以报名参赛。

（2）大赛以团队为单位报名参赛。允许跨校组建团队，每个团队的参赛成员不少于 3 人，不多于 15 人（含团队负责人），须为项目的实际核心成员。参赛团队所报参赛创业项目，须为本团队策划或经营的项目，不得借用他人项目参赛。

3. 参赛组别和对象

职教赛道分为创意组与创业组。

①创意组

· 参赛项目具有较好的创意和较为成型的产品原型、服务模式或针对生产加工工艺进行创新的改良技术，在大赛通知下发之日前尚未完成工商等各类登记注册。

· 参赛申报人须为团队负责人，须为职业院校的全日制在校学生或国家开放大学学历教育在读学生。

· 学校科技成果转化项目不能参加本组比赛（科技成果的完成人、所有人中参赛申报人排名第一的除外）。

②创业组

· 参赛项目在大赛通知下发之日前已完成工商等各类登记注册，且公司注册年限不超过 5 年（2018 年 3 月 1 日及以后注册）。

· 参赛申报人须为企业法定代表人，须为职业院校全日制在校学生或毕业 5 年内的学生（2018 年之后的毕业生）、国家开放大学学历教育在读学生或毕业 5 年内的学生（2018 年 6 月之后的毕业生）。企业法人在大赛通知发布之日后进行变更的不予认可。

· 项目的股权结构中，企业法定代表人的股权不得少于 1/3，参赛团队成员股权合计不得少于 51%。

4. 职教赛道项目评审要点

①创意组

评审标准如表 10-6 所示。

表 10-6　创意组评审标准

评审要点	评审内容	分值
教育维度	1. 项目应弘扬正确的价值观，厚植家国情怀，恪守伦理规范，有助于培育创新创业精神。 2. 项目符合将专业知识与商业知识有效结合并转化为商业价值或社会价值的创新创业基本过程和基本逻辑，展现创新创业教育对创业者基本素养和认知的塑造力。 3. 体现团队对创新创业所需知识（专业知识、商业知识、行业知识等）与技能（计划、组织、领导、控制、创新等）的娴熟掌握与应用，展现创新创业教育提升创业者综合能力的效力。 4. 项目能充分体现团队解决复杂问题的综合能力和高级思维；体现项目成长对团队成员创新创业精神、意识、能力的锻炼和提升作用。 5. 项目能充分体现院校在职业教育建设方面取得的成果；体现院校在项目的培育、孵化等方面的支持情况；体现职普融通、产教融合、科教融汇、多学科交叉、专创融合、产学研协同创新等模式在项目的产生与执行中的重要作用	30
创新维度	1. 具有原始创意、创造。 2. 具有面向培养“大国工匠”与能工巧匠的创意与创新。 3. 项目体现产教融合模式创新、校企合作模式创新、工学一体模式创新。 4. 鼓励面向职业和岗位的创意及创新，侧重于加工工艺创新、实用技术创新、产品（技术）改良、应用性优化、民生类创意等	20
团队维度	1. 团队的组成原则与过程是否科学合理；团队是否具有支撑项目成长的知识、技术和经验；是否有明确的使命愿景。 2. 团队的组织构架、人员配置、分工协作、能力结构、专业结构、合作机制、激励制度等的合理性情况。 3. 团队与项目关系的真实性、紧密性情况；对项目的各项投入情况；创立创业企业的可能性情况。 4. 支撑项目发展的合作伙伴等外部资源的使用以及与项目关系的情况	20

续表

评审要点	评审内容	分值
商业维度	1. 充分了解所在产业（行业）的产业规模、增长速度、竞争格局、产业趋势、产业政策等情况，形成完备、深刻的产业认知。 2. 项目具有明确的目标市场定位，对目标市场的特征、需求等情况有清晰的了解，并据此制订合理的营销、运营、财务等计划，设计出完整、创新、可行的商业模式，展现团队的商业思维。 3. 其他：项目落地执行情况；项目促进区域经济发展、产业转型升级的情况；已有盈利能力或盈利潜力情况	20
社会价值维度	1. 项目直接提供就业岗位的数量和质量。 2. 项目间接带动就业的能力和规模。 3. 项目对社会文明、生态文明、民生福祉等方面的积极推动作用	10

②创业组

评审标准如表 10-7 所示。

表 10-7　创业组评审标准

评审要点	评审内容	分值
教育维度	1. 项目应弘扬正确的价值观，厚植家国情怀，恪守伦理规范，有助于培育创新创业精神。 2. 项目符合将专业知识与商业知识有效结合并转化为商业价值或社会价值的创新创业基本过程和基本逻辑，展现创新创业教育对创业者基本素养和认知的塑造力。 3. 体现团队对创新创业所需知识（专业知识、商业知识、行业知识等）与技能（计划、组织、领导、控制、创新等）的娴熟掌握与应用，展现创新创业教育提升创业者综合能力的效力。 4. 项目能充分体现团队解决复杂问题的综合能力和高级思维；体现项目成长对团队成员创新创业精神、意识、能力的锻炼和提升作用。 5. 项目能充分体现院校在职业教育建设方面取得的成果；体现院校在项目的培育、孵化等方面的支持情况；体现职普融通、产教融合、科教融汇、多学科交叉、专创融合、产学研协同创新等模式在项目的产生与执行中的重要作用	20

续表

评审要点	评审内容	分值
商业维度	1. 充分掌握所在产业（行业）的产业规模、增长速度、竞争格局、产业趋势、产业政策等情况；具有明确的目标市场定位，充分掌握目标市场的特征、需求等情况；具有完整、创新、可行的商业模式。 2. 经营绩效方面，重点考察项目存续时间、营业收入（合同订单）现状、企业利润、持续盈利能力、市场份额、客户（用户）情况、税收上缴、投入与产出比等情况。 3. 经营管理方面，是否有清晰的企业发展目标；是否有完备的研发、生产、运营、营销等制度和体系；是否采用先进、科学的管理方法，以确保企业具有较强的竞争力。 4. 成长性方面，是否有清晰、有效、全方位的企业发展战略，并拥有可靠的内外部资源（人才、资金、技术等方面）实现企业战略，以建立企业的持续竞争优势。 5. 现金流及融资方面，关注项目融资情况、获取资金渠道情况、企业经营的现金流情况、融资需求及资金使用情况是否合理。 6. 项目促进区域经济发展、产业转型升级的情况	30
团队维度	1. 团队的组成原则与过程是否科学合理；团队是否具有独特的支撑项目成长的知识、技能、经验以及成熟的外部资源网络；是否有明确的使命愿景。 2. 公司是否具有合理的组织构架、清晰的指挥链、科学的决策机制；是否有合理的岗位设置、分工协作、专业能力结构；是否有良好的内部沟通机制；是否有合理的股权结构、激励制度等。 3. 团队对项目的各项投入情况及团队成员的稳定性情况。 4. 支撑公司发展的合作伙伴等外部资源的使用以及与公司关系的情况	20
创新维度	1. 具有原始创意、创造。 2. 具有面向培养“大国工匠”与能工巧匠的创意与创新。 3. 项目体现产教融合模式创新、校企合作模式创新、工学一体模式创新。 4. 鼓励面向职业和岗位的创意及创新，侧重于加工工艺创新、实用技术创新、产品（技术）改良、应用性优化、民生类创意等	20
社会价值维度	1. 项目直接提供就业岗位的数量和质量。 2. 项目间接带动就业的能力和规模。 3. 项目对社会文明、生态文明、民生福祉等方面的积极推动作用	10

（四）产业命题赛道

1. 目标任务

（1）发挥开放创新效用，打通高校智力资源和企业发展需求，协同解决企业发展中所面临的技术、管理等现实问题。

（2）引导高校将创新创业教育实践与产业发展有机结合，促进学生了解产业发展状况，培养学生解决产业发展问题的能力。

（3）立足产业发展，深化新工科、新医科、新农科、新文科建设，校企协同培育产业新领域、新市场，推动大学生更高质量创业就业。

2. 命题征集

（1）本赛道针对企业开放创新需求，面向产业代表性企业、行业龙头企业、专精特新企业等征集命题。

（2）企业命题应聚焦国家“十四五”规划战略新兴产业方向，倡导新技术、新产品、新业态、新模式。围绕新工科、新医科、新农科、新文科对应的产业和行业领域，基于企业发展真实需求进行申报。

（3）命题须健康合法，弘扬正能量，知识产权清晰，无任何不良信息，无侵权违法等行为。

3. 参赛要求

（1）本赛道以团队为单位报名参赛，每支参赛团队只能选择一题参加比赛，允许跨校组建、师生共同组建参赛团队，每个团队的成员不少于 3 人，不多于 15 人（含团队负责人），须为揭榜答题的实际核心成员。

（2）项目负责人须为普通高等学校全日制在校生（包括本专科生、研究生，不含在职教育），或毕业 5 年以内的全日制学生（2018 年之后毕业的本专科生、研究生，不含在职教育）。参赛项目中的教师须为高校教师（2023 年 8 月 15 日前正式入职）。

（3）参赛团队所提交的命题对策须符合所答企业命题要求。参赛团队须对提交的应答材料拥有自主知识产权，不得侵犯他人知识产权或物权。

（4）所有参赛材料和现场答辩原则上使用中文或英文，如有其他语言需求，请联系大赛组委会。

4. 产业命题赛道项目评审要点

评审标准如表 10-8 所示。

表 10-8　产业命题赛道项目评审标准

评审要点	评审内容	分值
教育维度	1. 项目应弘扬正确的价值观，厚植家国情怀，恪守伦理规范，有助于培育创新创业精神。 2. 项目符合将专业知识与产业实际问题有效结合，并转化为商业价值或社会价值，展现创新创业教育对创业者基本素养和认知的塑造力和提升创业者综合能力的效力。 3. 项目能充分体现团队解决复杂问题的综合能力和高级思维，体现项目成长对团队成员创新创业精神、意识、能力的锻炼和提升作用。 4. 项目能充分体现院校在“三位一体”统筹推进教育、科技、人才工作，扎实推进新工科、新医科、新农科、新文科建设方面取得的成果；体现院校在项目的培育、孵化等方面的支持情况；体现产教融合、科教融汇、多学科交叉、专创融合、产学研协同创新等模式在项目的产生与执行中的重要作用	30
命题分析	1. 全方位开展与所选命题相关的产业（行业）的产业规模、增长速度、竞争格局、产业趋势、产业政策以及市场的定位、特征、需求等方面的调研，形成一手资料。 2. 系统、深入地了解企业（机构）内外部环境情况，通过与企业对接，准确把握其实际需求与痛点，明确解决该命题所需的各类资源。 3. 结合企业（机构）的产品、技术、模式、管理、制度等现实情况与本团队的创意、技术、方案、人才等实际情况，展开解题可行性和匹配度分析，为形成解决方案奠定基础	10
创新维度	1. 用于解决命题的创意、技术、方案、模式等的先进性情况。 2. 团队基于科学严谨的创新过程，遵循创新规律，运用各类创新的理念和范式解决命题。 3. 基于产业命题赛道开放创新的内在要求，促进企业（机构）将内外部资源有机整合，提高其创新效率的情况	20

续表

评审要点	评审内容	分值
团队维度	1. 团队的组成原则与过程是否科学合理，是否具有支撑解决命题的知识、技术和经验。 2. 团队的组织构架、人员配置、分工协作、能力互补、专业结构的合理性情况。 3. 团队与项目关系的真实性、紧密性情况，团队对项目的各项投入情况，团队与企业（机构）持续合作的可能性情况。 4. 支撑项目发展的合作伙伴等外部资源的使用以及与项目关系的情况	20
实现维度	1. 解决命题过程的规划和工作进度安排合理，在各阶段工作目标清晰，难点明确，重点突出，并能兼顾目标与资源配置。 2. 解决方案匹配企业（机构）命题要求，解决方案具备先进性、现实性、经济性、高完成度等特点。 3. 命题解决方案是否解决企业（机构）命题中涉及的问题，以及为企业（机构）带来经济效益、社会效益的潜力情况	20

（五）萌芽赛道

1. 目标任务

推动创新创业素质教育，探索基础教育阶段创新创业教育的新模式，引导中学生开展科技创新、发明创造、社会实践等创新性实践活动，培养创新精神、激发创新思维、享受创造乐趣、提升创新能力。

2. 参赛对象

普通高级中学在校学生。参赛学生须为项目的实际成员，鼓励学生以团队为单位参加（团队成员不超过 15 人），允许跨校组建团队。

3. 参赛项目要求

（1）项目应紧密融合学习、生活、社会实践，能创造性地解决问题或提供解决思路，具有可预见的应用性与成长性，可以是教育部公布的面向中小学生的全国性竞赛活动名单中学生赛事获奖项目或作品。项目不局限于“互联网+”项目，鼓励各类创新创业项目参赛。

（2）项目须真实、健康、合法，无任何不良信息，不得借用他人项目参赛。项目立意应弘扬正能量，践行社会主义核心价值观。参赛项目不得侵犯他人知识产权；所涉及的发明创造、专利技术、资源等必须拥有清晰合法的知识产权或物权，涉及他人知识产权的，报名时须提交完整的具有法律效力的所有人书面授权许可书、专利证书等；抄袭盗用他人成果、提供虚假材料等违反相关法律法规的行为，一经发现即刻丧失参赛相关权利并自负一切法律责任。

4. 萌芽赛道项目评审要点

评审标准如表 10-9 所示。

表 10-9　萌芽赛道项目评审标准

评审要点	评审内容	分值
创新性	1. 项目的想象力和创造力，就发现的问题和解决途径进行创意设计，创意设计过程符合客观规律。 2. 科技创意证据充分，有足够的科学研究参与度（调查、实验、制作、验证等）。 3. 文化创意逻辑清晰、完整，调研和分析数据充分	40
实践性	1. 项目的可行性、应用性和完整性。 2. 项目具备可执行的计划或实践方案。 3. 项目具有可预见价值，能够让未来的生活更美好	20
自主性	1. 项目符合团队成员年龄段的知识结构和实施项目能力。 2. 项目选题、创意模式构建主要由学生提出和完成。 3. 团队成员能够准确表述项目内容及原理，真实可信。 4. 涉及科技成果和专利发明的，需提供证明材料或授权证明材料	20
团队情况	1. 团队成员的创新精神和创新思想与能力。 2. 项目团队成员的教育背景、基本素质、价值观念、知识结构、擅长领域。 3. 团队构成和分工协作合理	20

第二节　编写《创业计划书》

一、创业计划书作用

创业计划书是创业者在进行创业前准备阶段所必备的一份重要文档，它具有指导创业者进行创业活动、争取投资和合作伙伴的支持、为企业发展制定目标和策略等多重作用。创业者在编写创业计划书时，应注重细节的完善和逻辑的严密，确保其具备可行性和可操作性。只有充分利用创业计划书的作用，创业者才能更好地引领企业的发展，实现创业梦想。

（一）提供明确的发展目标和策略

创业计划书是创业者制定发展目标和策略的重要工具。通过对市场需求、竞争对手、产品定位等各方面的调研分析，创业者能够明确企业发展的目标和策略。创业计划书中的市场分析、市场定位、产品规划等内容可以帮助创业者更好地把握市场需求，制定合理的产品规划和市场推广策略。

（二）吸引投资和合作伙伴支持

创业计划书是创业者争取投资和合作伙伴支持的利器。投资者和合作伙伴往往需要对创业项目的可行性和潜力进行评估，而创业计划书可以提供他们所需的信息。创业计划书中的市场分析、商业模式、财务预测等内容可以向投资者和合作伙伴展示创业项目的潜力和可行性，从而吸引他们的支持和投资。

（三）指导创业者进行创业活动

创业计划书是创业者进行创业活动的指南。创业计划书中的组织架构、人力资源规划、运营管理等内容可以帮助创业者建立起一个完整的创业体系，指导创业者进行日常的经营管理。创业计划书中的市场营销策略、销售渠道规划等内容可以帮助创业者制定合理的销售计划和市场推广策略，提高企业的市场竞争力。

（四）为企业发展制订目标和策略

创业计划书是企业发展的蓝图。通过对市场环境、行业趋势、竞争对手等的分析，创业者可以预测企业未来的发展方向和趋势。创业计划书中的财务预测、里程碑规划等内容可以帮助创业者制定企业发展的目标和策略，为企业的长期发展提供方向和依据。

二、创业计划书的基本结构

在实际创业过程中，好的项目计划书是成功的关键，创新创业比赛也是如此。即使已经拥有好的项目，但如果无法将自己好的创意在项目计划书里清晰、完整、规范地表达、展现出来，未能获得风险投资公司、客户乃至比赛评委的广泛认可和赞同，最后也只能被淘汰出局。

一般来说，在创业计划书中，一般包含以下几点内容。

（一）封面设计

项目计划书封面页既要看起来专业又可以提供联系信息，把你的产品的图像放在首页。但需留出足够的版面排列公司名称、公司性质、公司地址、邮编、公司负责人姓名、职务、电话、E-mail、公司主页等。

（二）目录设计

一个准确的目录索引能够让读者迅速找到他们想看的内容，应包含概要、公司概述、产品与服务、市场分析、竞争分析、市场销售战略、财务分析、创业团队等信息。

（三）项目计划书的概要

计划书概要作为项目计划书的提纲，是把整本计划书最精华的部分提取出来。一般来说，项目计划书都会有几十页，而评委不一定每份计划书都仔细阅读，为了能在最短时间内吸引住评委的眼光，你就需要在篇头把计划书的要点概括出来，这就是计划书概要。写计划书概要时，较普遍的做法是省略后面各篇的分析过程，直接呈现各部分的结论。例如，介绍营销策略时，不必把采用哪种策略的原因详细阐述，只需直接介绍公司采用的营销策略是什么。执行概要的内容大致应该包括项目背景、公司介绍、产品介绍、市场机会、营销策略、公司战略、生产运营、风险管理、财务分析和团队介绍、发展前景等部分。

（四）项目背景

简单介绍这个项目的社会、政治、经济、技术和行业等背景。例如，国内外的最新发展趋势、是否有政策的倾斜、公众关注的问题、经济发展情况等。项目背景必须体现出这个项目的实施价值以及可行性。

（五）产品与服务

产品介绍应包括以下内容：产品的概念、性能及特性；主要产品介绍；产品的市场竞争力；产品的研究和开发过程；发展新产品的计划和成本分析；产品的市场前景预测；产品的品牌和专利等。在产品（服务）介绍部分，企业家要对产品（服务）做出详细的说明，说明要准确，也要通俗易懂，使不是专业人员的投资者也能明白。一般情况下，产品介绍都要附上产品原型、照片或其他介绍。

（六）市场分析

简要叙述你的公司处于什么样的行业、市场、专项补充区域。市场的特征是什么？你的分析与市场调查机构和投资分析有什么不同，分析是否有新生市场？你将如何发展这个新生市场，其要素包括市场描述、目标市场、目标消费群、销售战略等。

（七）竞争分析

明确指出与企业竞争的同类产品和服务，分析竞争态势和确认竞争者信息，包括产品、价格、市场份额、地区、营销方式、管理手段、特征以及财务力量划分的重要竞争者。

（八）营销策略及销售

营销策略及销售主要涉及5个方面：①营销计划：描述你所希望进行的业务以及你所希望进入的细分市场，曾经使用的分销渠道及描述你所希望达到的市场份额；②销售战略：描述你进行销售所采取的策略，包括如何通过广告、邮件推销，电台广播或是电视广告等方式促销产品；③分销渠道及合作伙伴；④定价战略；⑤市场沟通。

第三节　创业项目路演

一、路演——项目展示的高效手段

创业者可以通过路演将想法推介出去，吸引投资者投资。路演可以使创业者少走弯路，节省时间和精力。

（一）路演的目的及形式

路演是指在公共场所进行演说、演示产品、推介理念，以及向他人推广自己的公司、团队、产品和想法的一种方式。通过路演，可以让投资者真正读懂企业的项目，从而做出更为准确的判断。

1. 路演的目的

创业者路演的目的是通过对创业项目的公开展示，促进投资者与创业者之间的沟通和交流，进而吸引投资者进行投资。

路演是吸引投资者投资的手段。通常情况下，投资者每天看到的创业计划书和接触的项目很多，有的投资者甚至一天就要阅读上百份创业计划书，所以在筛选项目时只能凭借一些市场份额、盈利水平等硬性指标进行判断，很难了解项目的独特之处，进而导致很多优秀的创业设想与投资者擦肩而过。而路演可以同时让多个投资者认真聆听创业者的讲解和说明，还可以让投资者们有一个思考和交流的过程。

2. 路演的形式

路演的主要形式是举行推介会。在推介会上，创业者需要向投资者就公司的产品、发展方向、盈利模式等做详细介绍，充分阐述企业的投资价值，让投资者能深入了解具体情况，并能准确回答投资者所关心的问题。

通常来说，路演推介会可以分为以下 3 种形式。

（1）参观型推介会

参观型推介会是指企业邀请投资人到企业内部来参观，使投资人在参观企业的过程中感受到公司的文化、产品的好坏，从而产生投资的兴趣。参观型推介会适合于具有创新能力及有影响力的企业。

（2）活动型推介会

活动型推介会是指企业通过举办沙龙的方式来吸引投资人，这种形式的路演有利于培养企业与投资者之间的关系，具有可观的长期效果，适用于企业文化和精神很突出，能够吸引和影响投资人的企业。

（3）现场展示型推介会

现场展示型推介会就是让企业和投资人直接对接、直接负责，让企业与投资人心交心，让投资当场发生，这样做的好处是便捷，而且成功率极高。

（二）路演的五大要素

路演的最终目的就是让创业者、投资者双方进行高效对接。在路演平台上，创业者需要事先做好准备，去阐述自己的创业项目并与投资者进行现场问答。要想项目路演成功，创业者就必须学会合理处理以下五大关键要素。

1. 有一个大愿景

在路演中，创业者需要展示一个吸引人的大愿景，告诉投资者企业未来的发展方向。

2. 详细解释如何使用投资

投资者很关心创业者在获得投资后会怎样使用这笔资金，这也是问答的焦点。创业者需要了解不同部门的资金使用情况，以及每一个商业项目的资金使用情况，然后向投资者传达包含企业运营成本、收入增长率、利润等的详细财务规划，或者提出一个可预知投资回报率的营销策略，向投资者表达其投资的收益情况。

3. 展现竞争力

无论创业项目的产品或服务是否已经产生收入，创业者都需要在路演时向投资者展示出该产品或服务已经拥有的竞争力。

4. 团队构成

创业者在路演中应该对自己的核心团队进行介绍，最好是给团队中的创始人做一个包括创始人的工作履历及具体工作内容的个人介绍。

5. 解决痛点的能力

所有出色的路演，几乎都是围绕某个行业痛点来展开的，先描述该痛点再给出自己的解决方案。

（三）为路演准备的资料

路演是面对多个投资者进行的创业项目展示，要想展示得准确、得体，又令人信服，就需要在路演前进行充分的准备。大学生创业者应该为路演准备的相关资料大概包括以下3个方面。

1. 路演台本

路演的第一个环节就是创业者以创业项目为主题进行演讲。为了保证演讲质量，避免忘词、表述混乱，创业者应先将演讲内容进行梳理并记录下来，再根据路演时间安排准备台本。具体方法如下：

①根据路演结构撰写演讲内容。路演可以分为项目介绍和项目展示两大部分，在项目介绍部分，需要说明项目是做什么的、市场有多大及项目的增长潜力有多大；在项目展示部分，创业者需要围绕自己的项目，阐明项目解决的痛点、竞争优势，并介绍团队成员，提出融资需求。

②梳理演讲内容并标注重点。创业者应该对演讲台本的逻辑关系、核心数据进行梳理，切忌表述前后矛盾、数据错误。同时在台本上标注重点，概括核心内容，做到详略得当。另外，在语言表述上应该力求简洁明了，切忌废话连篇、表述不清。

③对提问环节进行准备投资者针对演讲内容进行提问，创业者也要事先对提问环节进行准备。创业者可以在路演前进行角色互换，假设创业者自居是投资者，想一想有哪些问题是投资者提问概率较大的，提前准备这些问题的答案。

2. 路演 PPT

PPT 演示文档清晰直观，其画面可以作为创业者演讲的补充，一份图文并茂、文字精练的 PPT，可以为演讲者提示思路，让投资者抓住演讲重点。对于路演所用的 PPT，创业者需要注意以下 3 点。

（1）篇幅

路演 PPT 的篇幅控制在 15 页左右为宜。创业者根据路演台本上标注的重点，把想要强调的关键内容，比如产品或服务、市场状况、竞争分析、商业模式、团队介绍、融资需求等，醒目地展示给投资者。

（2）制作

路演 PPT 在版式设计、色彩风格上要统一，不宜过于花哨（艺术类项目除外）；多用图表少用文字，大篇幅的文字会占用投资者大部分的注意力，让其感到疲劳；在话题承接的地方，可以使用过渡页或使用问句引入下一个话题，吸引投资者的注意。

（3）内容

路演 PPT 的内容应该包括痛点（需求）与时机、解决方案、市场规模、产品或服务展示、竞争优势、商业模式、团队和融资计划等，创业者应根据具体的情况进行灵活调整。

3. 完整的创业计划书

一份完整的创业计划书几乎囊括了投资人感兴趣的所有内容，内容比创业者进行的演讲要充分和具体一些。投资者如果有意向就会仔细阅读创业计划书，对创业者、创业公司和创业项目进行更深入的了解。

二、项目路演 PPT 制作

PPT 演示是向评委展示大赛成果的重要环节。有创意、新颖的 PPT 不仅可以对在场的观众造成视觉冲击，吸引在座者的目光，还可以拉近展示人员与评委的距离，使评委更加真切地感受到创业者的努力。

（一）制作有说服力的 PPT

如果想使 PPT 更具说服力。除注重内容的专业性以外，外在形式也必须给人以专业感。因此，在设计的过程中，创业团队的美工人员不仅要充分运用有限的 PPT 空间表达出整个创业团队的团队理念、产品特色等，还要考虑到整个设计工作要符合专业的审美，并且想办法第一时间抓住评委的目光。

1. PPT 要显示项目特色与产品特点

PPT 的展示过程就是将团队的创业成果展示给评委，因而，如果能够将 PPT 的美化与项目特色、产品特色结合起来，那么评委就会更容易深入展示环节过程中，更容易融入这种氛围之中。

2. 重点列举评委关注点

在陈述过程中，参赛人员的陈述是配合 PPT 一起进行的。在短时间内要对整个项目的内容进行讲解，那么在 PPT 制作过程中，就必须将评委对整个项目的关注点浓缩在 PPT 上，即围绕着“为什么能赚钱”“能赚多少钱”“为什么是我们”“能赚多长时间”这四个评委关注点展开。

3. 有条理地展示陈述内容

拥有一个制作的框架，为整个展示环节厘清脉络，可以使评委与观众更清晰直观地了解演讲内容，从而获得良好的展示效果。

在 PPT 美化过程中，在适当的位置插入适当的超级链接，将更多的信息浓缩到 PPT

中，可以取得更加良好的效果。

4. 符合专业的审美要求

PPT应充分考虑PPT的受众，即评委、教师和观众，符合其审美要求。在有条理地介绍整个创业计划的同时，还应当充分展示其专业性。随着大学生各类创业大赛竞争的日益激烈，比赛不仅对参赛人员提出了更高的要求，对PPT的专业性也提出了更高的要求。

5. 设定一个主基调

在制作PPT的过程中，应设定一个反映主题的主基调，最好与项目计划书的风格协调起来，从而保持前后风格一致，共同突出产品的某种风格或者团队的某种精神风貌。这样的方式既是展现项目的良好时机，也是展现一个团队风貌的良好时机。

6. 增强PPT的视觉冲击性

增强视觉冲击性不是指将PPT做得五颜六色、色彩缤纷，而是将PPT做得更能够使受众接受展示人员的观点，并且使评委与展示人员产生共鸣，从而强化观众对PPT所展示出来的观点的认同感。这些都需要通过增强PPT的视觉冲击性来达到。

（二）PPT制作常见问题

1. PPT只求多、不求精

在创新创业大赛中，有些团队在制作PPT时盲目追求PPT数量。这是一种错误的思路。PPT应包含几位展示者所讲解内容的所有重点信息，在短短的几分钟内要完成这项浩大的工程是不容易的。很多制作者虽然将所有重要信息分门别类地放在每一张幻灯片上，却造成了PPT的操作人员在台上一直不停地按动鼠标，屏幕上的幻灯片一晃而过，以致造成台下观众“神经紧张”，无法在短暂的几十秒内领会陈述人员所要表达的意思，到头来整个展示与其预期效果相去甚远。

2. 动画效果过于夸张

在陈述环节，PPT的动画不是越多、越夸张越好。合理运用动画效果指PPT动画效果的运用要配合前后幻灯片的内容、形式。有时为了突出某一张幻灯片的视觉冲击性，可能要添加一些较为夸张的动画效果或背景音乐。但如果整份PPT都千篇一律地采用很震撼的动画效果，那么PPT中很有视觉冲击性的动画效果在众多效果中，也会变得非常平淡而失去了应有的作用。

3. 图过少，字过多

PPT图少字多将导致在陈述时按PPT照读的现象。然而，创新创业大赛陈述环节可以看成是一场介于比赛和表演之间的展示。因此，团队成员应该当众把团队项目的重点“表演”出来，而不是读出来。同时，如果一张幻灯片上的字数过多，势必挤占了图片的空间，这会明显降低整个PPT的可观赏性，从而在整体上影响展示效果。

4. 未注意计算机屏幕色彩的差异性

在各类创业大赛比赛现场，PPT的屏幕放映色彩与实际在计算机上放映的色彩是存在差异的。事实上，由于光线的原因，现场PPT在放映时，其色彩在很大程度上会被淡化，而这一极为重要的因素常被很多PPT制作者忽略。因此，制作人员在实际美化的过程中一定要考虑到现场展示色彩要被淡化的因素。如果条件允许，制作人员则最好将准备好的模板事先在大屏幕上放映，以观其实际展示效果，最终决定是否需要对 PPT 的色彩做进一步的加强处理。

以上四个要点是在 PPT 美化过程中特别需要注意的问题。当然，这并不是衡量创业大赛中高质量 PPT 的标准，在实际 PPT 制作的过程中，还需要美工人员结合自身技术、项目的特点做出符合实际的美化效果，美工人员的付出与努力才是取得最好效果的根本保证。

三、项目路演技巧

1. 路演人员选择

如何以一种积极的心态向评委与观众展示，将团队的创业理念、产品特性、营销策略和财务状况等一系列问题深刻、自然地陈述出来，对整个比赛环节是至关重要的。如何选择能够有效表达项目意图的团队成员，引导评委来了解整个项目的内容是整个路演环节的前导。

展示效果是人员选择的标准。如果创业团队在比赛之初能够选择出最合适的展示人员，那么在展示环节之后的答辩环节即可取得事半功倍的效果。所以要选择出最合适的人来进行陈述及答辩。通过对历届创新创业大赛分析总结，陈述及答辩人员应做到以下几点：表达清楚、专业知识熟练、台风优秀、应变能力强、整体形象协调。

2. 路演前的注意事项

（1）准确聚焦。要清楚自己在跟谁路演，要达成什么样的结果，自己的核心竞争力在哪，有的放矢地展开路演。

（2）路演工具。要事先准备好一份精练的演讲稿、一份美观的路演 PPT，一段 3～5 分钟的路演视频。

（3）根据要求和内容，选择适合自己的演说风格。

3. 路演中的技巧

（1）充分展示。对路演对象关注的问题要进行充分展示，包括产品优势、市场前景、团队、商业模式等。

（2）精神面貌。在演讲过程中要注意精神饱满、自信，向路演对象展示出你的信心和决心。

（3）把握时间节点，在规定的时间内演说完毕。

（4）采用简洁的语言，告诉评审人项目的主营业务、产品亮点、盈利模式。

（5）演示应保持条理清晰的风格，突出市场前景，刺激评审人的兴奋点。

（6）用讲故事的方式，把市场需求和解决方案形象生动地讲出来，比反复论证那些所谓的事实更加具有说服力。

（7）用自己的语言进行演讲，而不是念 PPT 上的内容。

（8）面对评审人，而不是大屏幕。即便是再紧张，也要面对着评审人讲解项目。

（9）诚实。不知道的就是不知道，不要试图欺瞒评审人。

拓展阅读

路演答辩中的关注点

1. 项目核心价值；
2. 项目主体内容；
3. 潜在客户对项目的需求；
4. 项目对潜在客户的短期和长期价值；
5. 项目对投资人的短期与长期价值；
6. 项目对社会的短期与长期价值；
7. 项目投资回报的计划；
8. 项目的竞争对手及市场竞争策略；
9. 项目团队的精神与能力；
10. 项目团队的情感深度与契合程度；
11. 团队运营项目的核心能力；
12. 宏观政策与社会形势对项目的有利因素；
13. 项目风险的概率与规避方法；
14. 项目运营的稳定性与持续性。

能力训练

模拟参加创新创业大赛

（一）请同学们自行分组，并如实填写分组信息。

1. 小组人数：________________

2. 小组组长：________________

3. 小组成员：________________

（二）各小组成员通过网络、学校创业指导等途径了解创新创业大赛，回答如下问题。

1. 我国比较权威的创新创业大赛有哪些？

____

____

____

2. 今年可参加的创新创业大赛是什么？

____

____

____

3. 你会选择哪一个创新创业大赛，为什么？

____

____

____

（三）每个小组成员明确可参加的创新创业大赛，选择参赛项目，并回答如下问题。

1. 小组的参赛项目是什么？

____

____

____

2. 小组参赛项目的优势是什么？

____

____

____

（四）每个小组按参赛要求填写参赛申请表。

<table>
<tr><td>所在省（区、市）</td><td colspan="4"></td><td>学校名称（全称）</td><td></td></tr>
<tr><td>项目名称</td><td colspan="6"></td></tr>
<tr><td>项目类型</td><td colspan="6"></td></tr>
<tr><td>项目组别</td><td colspan="6"></td></tr>
<tr><td rowspan="5">团队成员
（最多 10 人）</td><td>姓名</td><td>性别</td><td>学院</td><td>年级、专业</td><td>联系方式</td><td>备注（负责人）</td></tr>
<tr><td></td><td></td><td></td><td></td><td></td><td></td></tr>
<tr><td></td><td></td><td></td><td></td><td></td><td></td></tr>
<tr><td></td><td></td><td></td><td></td><td></td><td></td></tr>
<tr><td></td><td></td><td></td><td></td><td></td><td></td></tr>
<tr><td rowspan="3">指导教师
（最多 3 人）</td><td>姓名</td><td>性别</td><td>学院</td><td>职称</td><td>职务</td><td>联系方式</td></tr>
<tr><td></td><td></td><td></td><td></td><td></td><td></td></tr>
<tr><td></td><td></td><td></td><td></td><td></td><td></td></tr>
<tr><td>项目简介
（500 字以内）</td><td colspan="6"></td></tr>
<tr><td>社会价值
（500 字以内）</td><td colspan="6"></td></tr>
<tr><td>实践过程
（500 字以内）</td><td colspan="6"></td></tr>
<tr><td>创新意义
（500 字以内）</td><td colspan="6"></td></tr>
</table>

续表

发展前景 （500字以内）	
团队协作 （500字以内）	
项目介绍材料	
其他相关 证明材料	

参 考 文 献

[1] 李俊琦．创新创业基础训练［M］．北京：中国商务出版社，2020.

[2] 刘延，高万里．大学生创新创业基础［M］．武汉：华中科技大学出版社，2020.

[3] 汤锐华．大学生创新创业基础［M］．北京：高等教育出版社，2020.

[4] 李伟．创新创业教程［M］．北京：清华大学出版社，2019.

[5] 胡飞雪．创新思维训练与方法［M］．北京：机械工业出版社，2019.

[6] 王亚非，梁成刚，胡志强．创新思维与创新方法［M］．北京：北京理工大学出版社，2018.

[7] 黄必义．大学生职业发展与就业指导教程［M］．北京：高等教育出版社，2018.

[8] 施慧洪．互联网+创业案例分析［M］．北京：中国金融出版社，2018.

[9] 钟秋明．大学生创业基础［M］．北京：高等教育出版社，2017.

[10] 陈爱玲．创新潜能开发实用教程［M］．北京：化学工业出版社，2017.